区块链技术
金融应用实践

李　赫　　何广锋　编著

北京航空航天大学出版社

图书在版编目(CIP)数据

区块链技术:金融应用实践 / 李赫，何广锋编著
. -- 北京：北京航空航天大学出版社，2017.9
ISBN 978 - 7 - 5124 - 2485 - 2

Ⅰ. ①区⋯ Ⅱ. ①李⋯ ②何⋯ Ⅲ. ①金融－研究
Ⅳ. ①F83

中国版本图书馆 CIP 数据核字(2017)第 190184 号

区块链技术
金融应用实践

李　赫　何广锋　编著

责任编辑　冯　颖

*

北京航空航天大学出版社出版发行

北京市海淀区学院路 37 号(邮编 100191)　http://www.buaapress.com.cn

发行部电话:(010)82317024　传真:(010)82328026

读者信箱: emsbook@buaacm.com.cn　邮购电话:(010)82316936

涿州市新华印刷有限公司印装　各地书店经销

*

开本:710×1 000　1/16　印张:16.5　字数:228 千字
2017 年 9 月第 1 版　2017 年 9 月第 2 次印刷
ISBN 978 - 7 - 5124 - 2485 - 2　定价:58.00 元

序 一

从 2015 年开始,金融科技领域掀起了一股区块链热潮,各大金融机构纷纷投身区块链技术的研究。2016 年 10 月,工业和信息化部发布《中国区块链技术和应用发展白皮书》,并将区块链列入"十三五"国家信息化规划。

区块链是分布式数据存储、P2P 网络、共识机制、加密算法等计算机技术在互联网时代的创新应用模式。区块链技术是继大型机、个人电脑、互联网之后技术模式的颠覆式创新,很有可能成为下一代分布式互联网的技术基础,在全球范围引发一场新的技术革新和产业变革。未来的区块链应用将延伸到金融、物联网、智能制造、社交网络等多个领域。

考虑到金融科技的特殊性,本书特色在于既从技术角度详细讲解区块链技术的原理、架构以及操作方法,着重于对技术的原理性理解和宏观把握,方便非程序员出身的金融从业者快速掌握区块链这项技能,又结合金融方面的业务特性,通过一些应用案例来讲解未来金融业区块链应用的可能方向,最终使读者从金融和技术两个维度深入理解区块链。

难能可贵的是,本书的作者没有盲目地追捧区块链技术,而是较为冷静地分析了其优点、缺点以及局限性,坦诚地指出区块链技术尚处于发展阶段,距离大规模成熟应用还有一定差距,并结合企业特点列出了当前区块链应用中面临的问题以及应对的措施。希望作者在以后的研究中继续保持这种冷静务实的态度。

张 兴

北京大学教授、博士生导师

2017 年 8 月

序 二

2012年年初,我第一次接触比特币以及各种类比特币,在和同事认真地研究了一天之后,大家一致认为这些币的技术都挺好,但由于不知道如何应用,之后也就束之高阁了。

2015年,我和IBM的人吃饭,因为IBM在战略级别的定位一直比较精准,于是问他们最近IBM邮件中出现频率最高的词是什么,得到的回答是"区块链"。我追问是不是那个比特币?他们说不是比特币,是区块链。这个时候我突然意识到,比特币背后的技术可能有很大的发展潜力。

之后,众所周知,金融业开始掀起一股区块链热潮,谈起金融创新仿佛不夹杂几个"区块链"、"智能合约"、"共识机制"之类的词就OUT了。

读到这里,也许有些读者会说你这太可惜了,当初要是赌一把,买一些比特币,现在也赚翻了。但时至今日我依然坚持当初的观点,不论目前区块链多么火爆,其技术其实尚未成熟。投资不能靠投机,只有能产生价值的产品才具有持久的生命力,无论炒作得多厉害,终究要回归其本来的价值。当然比特币和其他币有一个很大的不同之处,就像莱特兄弟的飞机一样,虽然现在从技术角度来看,它已经十分落后,但因为其开创了区块链时代,故具有非常重大的纪念意义,从另一个角度来看也算是一种特殊的数字文物。

通过上面的故事,我想说,区块链不是比特币,智能合约也不是以太坊。区块链是一种通用技术,虽然在不同项目中的具体实现不同,但有其通用的本质和属性。利用区块链技术,我们可以开发出各种金融产品,各种各样的链就是产品。我们真正要关注的不是比特币、以太坊等现有项目(因为随着技术的发展,新的产品势必会取代旧的产品),更为重要的是理解这些产品背后的原理和技术。

随着对区块链研究的逐渐深入，我也零星地参加了一些讲座和活动，有些是作为听众，有些是作为讲师，既有 IT 人员的专场，又有金融人士的专场。区块链源于 IT 技术，但主要应用于金融等非 IT 行业。由于行业的专业性和技术的复杂性在区块链应用时共存，我发现由此产生了两个平行世界：一个是程序员的世界，这里的人在大肆谈论着去中心化、价值传输网络、第五范式，但是却不懂行业特点和细节，应用很难具体落地；另一个是金融行业人士的世界，这里的人熟悉合规处理，清楚行业流程，却被区块链的概念弄得晕头转向。我作为金融企业的信息技术人员，主要的工作是搭建信息技术和金融业务的桥梁，因此我产生了一种想法，能不能通过一本书的讲解，解决上面的问题呢？由此，促成了本书的诞生。我主要负责本书技术和保险业务部分的编写，在写作中尽量做到以下两点：

一是用直观的方式把区块链技术呈现出来。本书中不采用冗长、复杂的代码进行讲解，而是以各种原理图、运行界面、实践操作来进行说明；不专注于具体的 IT 细节，而是以区块链技术的宏观把握为主，尽量做到让任何一个有基本的计算机基础的金融业务人员都能够深入理解区块链技术及其本质。

二是从监管和合规的视角去描述行业应用。因为金融业是强监管行业，书中不只是单纯从技术角度出发，而是尽量多地考虑金融业的各种规定与业务细节，希望能为准备将区块链应用于金融行业的 IT 从业人员提供另一种视角和参考，帮其少走弯路。

总之，希望这本书能够成为金融业务人员和 IT 从业人员之间的一道桥梁，让区块链不再神秘，让业务应用更加顺畅。

最后，作为新兴事物的区块链，其未来之路注定有很多曲折和不确定性，借此机会送给在路上的各位读者三个词：冷静、专业、坚持！希望各位读者能始终保持冷静的思考、专业的精神以及昂扬的斗志，在自己的人生道路上留下浓墨重彩的一笔。

感谢在本书编写期间爱人陈静对我的大力支持,感谢父母一直以来的默默付出(尤其是我的母亲),感谢公司领导和同事对我的帮助与支持,感谢汪晓明、少平、青峰等各位区块链专家在网络上的知识分享,感谢 CSDN 平台给我提供的各种机会。

李　赫

2017 年 5 月

序 三

这是最好的时代,也是最坏的时代。回看 2015 年 8 月,彼时中国大地上发生了事后看起来影响深远的两件事情,一是持续低迷的房地产价格开始有所抬头,猝不及防地拉开了长达一年半的房地产牛市大幕;二是一个神秘的名词"区块链"开始小范围地传播开来,谁都不曾想到,看似昙花一现的概念而后迅速成为各大论坛的"座上宾",成为时下最受关注和热议的焦点,并被冠以"颠覆世界的技术"之名。而今,两年之后,房地产这驾马车在政策高压之下停止了奔腾向前的步伐,但全民焦虑和不安的情绪并未因此缓解,中产阶级在捍卫财富的保卫战中仍惊慌失措;区块链却"风景这边独好",在各大商业场景中已小试牛刀,为焦虑的全民描绘和践行着一幅美好的蓝图,堪称新经济中的"一股清流"。不得不说,区块链,并未让我们失望,它已成为了当下经济发展和社会焦虑破局的福音。

当下的我们,生活在一个奔腾加速、步履匆匆的时代,阿里巴巴重构商业零售,苹果重塑手机,阿尔法狗(AlphaGo)战胜李世石,特斯拉与无人驾驶重新定义汽车,科技进步不断推动社会进步和居民生活福祉的提高。互联网已颠覆世界,而今,刚刚起步的区块链号称要颠覆互联网,我们期待时代前行的步伐再一次被加速。

区块链,基于分布式去中心化架构、现代密码学技术、共识机制、可信赖、时间戳、智能合约等本质特征,在无须借助信任关系与第三方中心介入的基础上,让信息交换和价值转移直接在个体与个体之间达成共识,公开透明,全民公证,且安全性更高、速度更快、可自动执行、可追根溯源,以极低的成本、极高的效率解决了当前交易所面临的各类困难。在某种程度上,互联网已解决了部分困难。但区块链更进一步,正试图开创一个完全无摩擦的时代,让信息和价值互换更加扁平,更加顺畅。

星星之火,已然燎原。时至今日,区块链在国外走过了四年半的历程,在国内也已历时两年,各细分领域皆已诞生出一批卓有成效的应用及一批行业领军的初创公司。Hyperledger、R3、China Ledger 等区块链联盟各领风骚,Ripple、ABRA、Circle、BTCJam、Wave、Chain、DAH、Shocard、微众银行等创新公司勇做时代的弄潮儿,花旗银行、IBM、德勤、高盛、UBS、VISA、巴克莱银行等传统巨头也不甘落后,重金押注区块链。区块链大幕正快速拉开,未来图景已跃然纸上。《区块链:新经济蓝图及导读》一书的作者梅兰妮·斯万将区块链应用划分为了三大层次,分别为区块链 1.0、2.0 以及 3.0,其中区块链 1.0 为数字货币,区块链 2.0 为智能合约与可编程金融,区块链 3.0 为终极状态——社会自治。试想,一旦区块链最终广泛应用于社会治理,这或许就是我们意愿中的美丽新世界。因此,麦肯锡大胆预测,区块链是继蒸汽机、电力、信息与互联网技术之后,目前最有潜力触发第四次颠覆式技术革命浪潮的核心技术。

2015 年下半年伊始,笔者从投资银行跳槽到互联网金融行业,之后便一直跟踪研究金融科技领域最重要的技术——区块链。时至今日,自认为是对区块链理论和应用较为了解的一位国内一线从业者:从一开始接触到区块链的似懂非懂,到随着研究的深入,对区块链及其背后的核心思想的认识逐渐全面化、清晰化。

在笔者看来,区块链是一项具有突破性的划时代技术,而该技术背后的去中心化、去信任、全民记账、全民认证等核心思想才是其最伟大之处,也是区块链被广泛传播和追捧的最为重要的原因。凯文凯利在《必然》中提到"现在,我们正处在长达 100 年的、伟大的去中心化进程的中点",而区块链分布式思想无疑正把这个去中心化进程不断加速。随着时代的车轮滚滚向前,我们相信,这只是其伟大之处的"冰山一角"。"万物之始,大道至简,衍化至繁",这些看似晦涩难懂的核心思想,本质却与自由、民主、公正等普世价值观一脉相承,而这正是世界发展和社会进步的根基和支柱。其实,区块链作为一种思想,在其诞生之初,或多或少就已经蕴涵了上述价值观,只不过彼时一切还只是设想与愿景。但区块链技术,通过可行的技术手段,务实笃行着这一愿景,理想正逐步变成现实。所以,区块链不止于技术,它更像是一场商业形态上的思想启蒙运动,将从根本上重塑我们对未来商业世界价值交换的认识。

写这本书之际,笔者不止一次在想,区块链最后到底能不能成功?是否会在商业运用上面临无法逾越的鸿沟?但在本书结尾的时候,笔者恍然大悟,茅塞顿开:技术仅仅是工具,改变世界依靠的并不是一次或者两次工业革命,而是技术背后的思想。从意大利文艺复兴,到英法思想启蒙运动,再到马克思主义革命,每一次思想的巨变都导致社会的剧烈变革,引领历史的车轮滚滚向前,不断开创和成就愈加伟大的时代。到底是什么在支持着我们不断进步?又是什么让我们受制于自己,止步不前?所有的一切,进步亦或止步最终都归结于我们的思想。所以,区块链能否被广泛应用、能否成功本身并不重要,重要的是其背后的核心思想能被时代所吸收、所采纳,能被一批批具有开创精神的时代斗士所践行。

感谢这段让我潜心思考和写作的、略显沉闷的时光。感谢父母一直以来的辛勤培育和默默付出。感谢赖晓蕾、刘宏源的支持。感谢北京航空航天大学出版社提供的写作机会。同时,我在编写此书的过程中,参考了多家相关研究机构、智库、数字媒体的资料和数据,如 36Kr、平安证券、乌镇智库等,在此一并表示感谢。

我们相信,区块链正在开启一个全新的世界,正在开创无限的可能性。

Life is like a box of chocolates,
you never know what you're going to get.

未来已至,只是尚未流行。

何广锋

2017 年 5 月

目　　录

第5章　区块链面临的挑战及未来展望

第 1 章

区块链概念解析[*]

---

* 本章由何广锋完成。

最近一年，无论是在学术界还是实务界，区块链都如同一股来自未知世界的洪荒之力，迅速成为金融科技领域最炙手可热的概念。一时间，各大区块链联盟纷纷成立，各类以区块链为主题的论坛层出不穷。正如业界所一致认为的，区块链是一项具有突破性的技术，将从根本上影响经济运行方式和管理制度，并重塑我们对信任的理解。然而，豪言憧憬之下，真正了解区块链的人又有多少呢？或许为数不多。不过不要紧，待看完本章内容后，我相信你会对区块链有更深的理解和领悟。

1.1　区块链的始祖：比特币

1.1.1　比特币的由来

研究区块链，追根溯源"问道"比特币成为必然。比特币是区块链的最初表现形式，也是目前最为成功的应用。

比特币起源于神秘人士中本聪（Satoshi Nakamoto）在 2008 年发表的一篇名为 *Bitcoin：A Peer-to-Peer Electronic Cash System*（中文译名为《比特币：一种点对点的电子现金系统》）的论文。在这篇论文中，中本聪创造性地提出了一种不依赖于中心机构的完全点对点的现金支付转移系统。

论文发表后不久的 2009 年 1 月，中本聪发布了首个比特币开源客户端，他通过挖矿的方式获得首批 50 个比特币。2009 年 10 月，首个比特币汇率公布，1 美元可以兑换 1 309.09 个比特币。2010 年 5 月，比特币完成了诞生后的首次真实交易,佛罗里达州的一个程序员花费 10 000 个比特币购买了价值 25 美元的披萨。2011 年 6 月,比特币获得《时代周刊》和《福布斯》的关注,主流媒体开始集中报道比特币,比特币声名远扬,备受追捧。

2013 年 11 月,比特币迎来历史性时刻,其价格飙升至近 8 000 元/个,创出历史新高。2014 年 2 月,当时全球最大的比特币交易平台 MT.GOX 85 万个比特币被盗,随后该平台破产。被盗事件发生之后,比特币价格开始持续下跌。2014 年年中至 2015 年年中,比特币一蹶不振,价格持续低位震荡,被认为是过度炒作之后的价值回归。

祸兮,福之所倚。政策的利好再一次让比特币重现辉煌。2015 年 6 月,纽约州金融服务局(NYDFS)宣布 BitLicense 正式生效,由此,纽约成为美国第一个正式推出制定比特币和数字货币监管制度的州。2015 年 10 月,欧盟法院裁定比特币交易免征增值税。一系列稳中向好的外部环境使得比特币从低迷中复苏,交易价格和成交量在 2015 年下半年不断创造新高,价格全年上涨约 120%,成为当年表现最为亮眼的投资品。截至 2017 年 5 月 20 日,比特币价格已涨至 12 200 元/个,且后续增长趋势依旧强劲,价格高点预计将进一步被突破。道路是曲折的,前途是光明的,比特币的发展历史似乎正印证了这一点。毫无疑问,比特币依旧是未来很长一段时间内人们关注的焦点。

比特币近年来的交易价格及成交量趋势图见图 1-1。

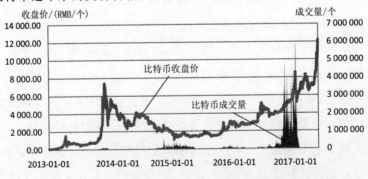

图 1-1　比特币近年来的交易价格及成交量趋势图

1.1.2　比特币的本质

比特币到底是什么呢？自诞生以来，比特币一直备受争议，有人说它是货币，有人说它是金融泡沫、金融传销，貌似没人说得清楚它究竟是什么。从定义上看，比特币是一种 P2P 形式的虚拟货币，其产生不依赖于央行等中心化机构，而是基于一整套复杂算法得到，任何人都可以通过计算机挖矿的方式获得比特币。这类似于解数学题，每解答出一道数学题，就将获得相应的比特币作为奖励。与此同时，任何一枚比特币的购买和出售都将告知给网络中的所有参与者，信息完全公开透明，因此，比特币被伪造的可能性很小。除此之外，比特币并不是"挖"之不尽的，其总量存在上限，最终停留在2 100万个。因此，如果采用比特币作为法定货币，则人民将免受通货膨胀之苦。

从技术层面看，比特币包含三大核心系统（见图 1－2）：最上层是货币，即比特币；中间层是协议，即基于区块链的资金转账系统；最下层是区块链技术。因此，区块链是比特币的核心技术，比特币仅仅是区块链的广泛应用之一。

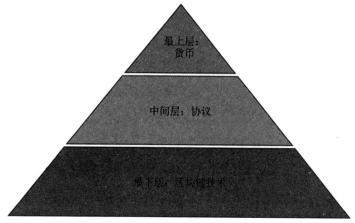

图 1－2　比特币结构图

比特币自面世以来一直倍受追捧,很大一部分原因在于其具有当前法定货币所没有的独特性,优势更为明显:

① 去中心化。现行法定货币都是由央行发行,由政府控制的。相比之下,比特币的产生并不需要任何中心化的机构,而是由参与挖矿的人执行货币发行的角色。因此,在比特币情形下,人人都是货币的发行者。

② 总量限制。现行法定货币经常超发与滥发,货币总量没有上限,但比特币不一样,货币发行完全基于数学原理,总量固定在 2 100 万个,从而使通货膨胀不可能在比特币运行的世界中出现。

③ 匿名性。比特币采用非对称加密技术,即便每次交易都向全网所有节点广播,但交易双方的身份及交易信息却只有拥有密钥的人才能获知,其他无关人士无从知晓,有效保证了交易的隐秘性,并保护了参与方的隐私。

④ 交易便捷。比特币的一大应用就在于被当成货币来进行支付和国际汇款。相比于传统的货币结算方式,比特币无需复杂的换汇等手续,只需知道对方的接收地址,就可以自由进行汇兑,交易成本低廉。

1.1.3　比特币的产业链

士别三日,当刮目相看。相比于刚出现时的不被人待见,如今的比特币已经融入实体经济和居民消费生活当中了。有人将比特币作为重要的支付手段,有人将其当成一种重要的投资品。现在比特币产业链(其示意图见图 1 - 3)日趋完善,已包括从比特币生产、储存、兑换、支付到消费、金融服务等各个环节。

比特币从挖矿到支付使用的流程图如图 1 - 4 所示。

1. 芯片和矿机生产商

比特币是通过挖矿的方式产生的,因此,任何人想要获得比特币,都需要有相应的硬件设备。而挖矿类似于解数学题,能否挖到比特币主要取决

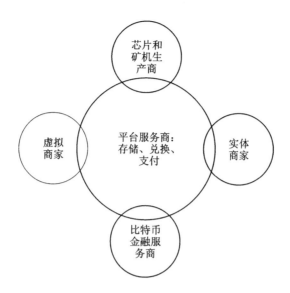

图1-3 比特币产业链示意图

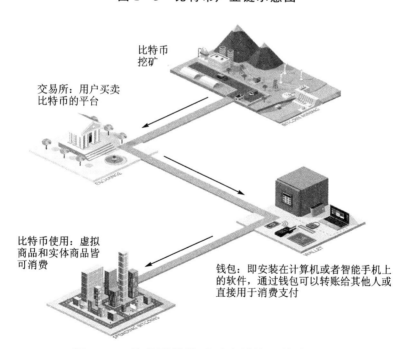

图1-4 比特币从挖矿到支付使用的流程图

于算法的比拼,而这最终依赖于硬件设备的性能,其中芯片是重中之重。矿机性能越好,挖矿能力越强。目前,矿机价格从几千元到几万元不等,比较著名的矿机有 BTCGuild、GHash.IO、Eligius、BITMAIN 等。

2. 平台服务商

矿工挖掘出的比特币,并不能直接进行交易结算,而是需要将这些比特币导入到比特币交易所兑换成法定货币,或者储藏在比特币钱包里以供直接消费。目前全球有 100 多家比特币交易平台,主流的交易平台有 MT. GOX、Bitstamp、BTC-E、Coinbase、比特币中国、OKcoin 币行网、BTCC、火币网等。中国是比特币平台服务大国,中国三大交易平台(比特币中国、火币网、OKcoin 币行网)的总交易量占全球比特币总交易量的 90% 以上,其中比特币中国是全球最大的交易平台。

3. 商品提供商

早期,接受比特币的商家主要是一些在线科技类网站,如 WordPress、Reddit 和 Mega 等。而如今,越来越多的企业和个人已接受比特币作为常规的支付手段。数据显示,截至 2016 年末,日本市场上接受比特币支付的商家数量已经增长到大约 4 200 家。2017 年初,尼日利亚市场上支持比特币支付的商家数量达 10 万之多。预计在接下来的一两年内,欧美地区接受比特币支付的商家数量还将进一步增加。与此同时,国外已经有专门的比特币第三方支付公司,其中最为著名的是 BitPay,其已对接超过 60 000 家接受比特币的商家。BitPay 被称作比特币支付上的 PayPal,它是面向收取比特币的商家提供支付解决方案,商家收到消费者的比特币,可通过 BitPay 兑换成法定货币。

4. 金融服务商

比特币要想成为货币,除了商品买卖之外,还需拥有的功能就是投资以保值增值。随着比特币的广泛使用,与之相关的期货、期权、网贷、股票、债券、投资基金等金融产品也层出不穷,比特币金融投资属性不断突显。

1.2　区块链的基本概念

1.2.1　区块链的发展历程

比特币自 2009 年诞生之后,先扬后抑,在走出一波大行情之后,遭到了各方质疑,价格迅速跌至谷底。不过,在比特币走下神坛的同时,其背后的核心技术区块链在 2012 年逐渐被相关人士所认可,区块链一时间成为各界热烈讨论的新话题,并被认为是改变未来的颠覆性技术。

为抓住新技术的发展机遇,各企业不论规模大小,均纷纷积极在区块链领域展开研究及相关布局。由图 1-5 可知:谷歌指数显示,2012 年年末,国

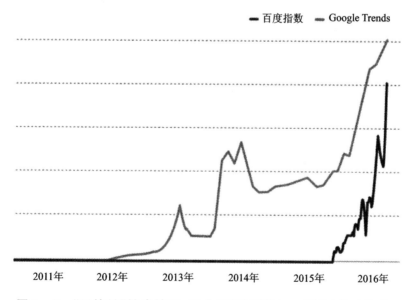

图 1-5　"区块链"搜索情况:国内(百度指数)VS 国外(谷歌指数)

外开始关注并研究区块链,我国对于区块链的认识直到2015年年中才开始;百度指数显示,国内"区块链"一词的搜索热度在2015年中后期才迅速上升。国外已进行区块链的初步技术应用,而我国对于区块链的了解还仅停留在研究阶段,与落地应用之间还存在不小的差距,发展进程整整落后国外两年多。我国"区块链"一词的搜索热度时间路线图见图1-6。

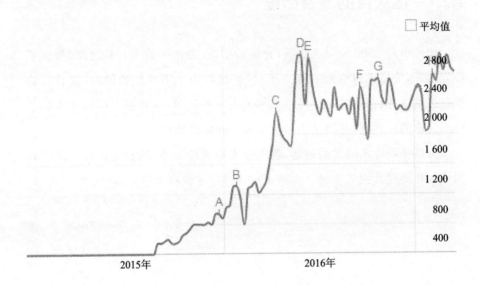

图1-6 我国"区块链"一词的搜索热度时间路线图

从国外区块链的发展来看,其演变历程主要分为三大阶段:

➤ 第一阶段是2008—2012年的比特币时期。

➤ 第二阶段是2012—2015年的过渡期。这一阶段,比特币逐渐从云端跌入低谷,"魔力"逐渐消散,但底层技术区块链开始引发大量关注。

➤ 第三阶段是2015年至今的区块链大发展期。这一阶段,区块链大放异彩,各类区块链创业公司以及区块链联盟相继成立,区块链投融资金额也大幅增长。

区块链发展大事记见表1-1。

表1-1 区块链发展大事记

时 间	大事记
2008	中本聪发表论文 *Bitcoin：A Peer-to-Peer Electronic Cash System*，即《比特币：一种点对点的电子现金系统》
	中本聪挖出第一批 50 个比特币，被称作上帝区块
2010	第一个比特币交易平台 MT.GOX 成立
2011	比特币价格首次与美元平价，达到 1 美元/个
	比特币与英镑、巴西币的兑换交易平台上线
	MyBitcoin 遭到黑客攻击，超过 7.8 万个比特币下落不明（当时价值约 80 万美元）
	莱特币诞生
	第一次比特币会议和世界博览会在纽约召开
2012	Ripple 系统发布，在跨国转账中引入区块链技术
	法国比特币中央交易所诞生，这是首个在欧盟法律框架下进行运作的比特币交易所
2013	美卡币区块链断裂，交易中断 1 天
	德国承认比特币的合法货币地位
	泰国封杀比特币
	中国央行明确比特币为"网络虚拟商品"而非货币
2014	MT.GOX 因安全漏洞关闭网站
	区块链并购投资火热，Chain 获 950 万美元投资
	Tilecoin 发布集成物联网实验设备
2015	IBM 加入开放式账本项目（Open Ledger Project）
	Microsoft 宣布支持区块链技术
	德勤推出 Rubix，允许客户基于区块链的基础设施创建各种应用
	R3CEV 与 20 余家公司结成联盟，共享区块链研究数据、想法和技术
2016	纳斯达克推出基于区块链技术的证券交易平台 Linq

反观国内区块链的发展,也经历了以下几个关键时间节点:

2015 年 10 月,上海召开"区块链—新经济蓝图"全球区块链峰会,有来自央行金融研究所、央行征信中心、上海证券交易所、陆金所、德勤会计事务所等全球约 200 位包括银行、支付、证券、大宗商品等金融行业及其他对区块链技术应用前景有兴趣的行业专业人士参加。区块链在国内第一次受到空前关注。

2016 年 1 月,中国人民银行召开数字货币研讨会,有消息称央行意欲推出数字货币;中国区块链研究联盟在北京成立。

2016 年 2 月,中关村区块链产业链联盟成立。

2016 年 4 月,China Ledger 联盟成立。

2016 年 5 月,中国平安加入 R3 区块链联盟,成为国内首家 R3 成员;金融区块链合作联盟在深圳成立。

2016 年 6 月,中国互联网金融协会区块链工作组成立。

2016 年 8 月,工信部启动区块链行业标准制定工作。

2016 年 10 月,陆家嘴区块链金融发展联盟在上海成立,标志着国内初步形成了区块链区域性发展的北、上、广三足鼎立新格局。

1.2.2　区块链的定义

区块链这个词初听起来很怪异,除了知道区块链是比特币背后的核心技术之外,很难从字面上知晓更多的信息。有定义认为"区块链是一种分布式多节点'共识'实现技术,通过区块链可以完整、不可篡改地记录价值转移(交易)的全过程。"也有定义认为"区块链(Blockchain)是一种分布式共享数据库(数据分布式储存和记录),利用去中心化和去信任方式集体维护一本数据簿的可靠性的技术方案。该方案要让参与系统中的任意多个节点,通过一串使用密码学方法相关联产生的数据块(即区块,block),即每个数据块中都包含了一定时间内的系统全部信息交流的数据,并生成数据"密码"用于验证其信息的有效性和链接下一个数据库块。"

综合以上定义,区块链可简单概括为:一种新型的去中心化协议,能安全地存储各类交易数据,信息不可伪造和篡改,可以自动执行智能合约,无须任何中心化机构的审核。

1.2.3 区块链示例

定义比较深涩难懂,下面用两个简单的例子来解释:

(例一) 假设有一个小国,国内只有一家银行,国民不使用现金,国民之间的交易主要通过银行转账方式实现。刚开始,银行系统运行流畅。春去秋来,随着生育率的提升和移民的不断涌入,该国人口激增,交易量疯涨,银行开始在高峰期无法有效应对转账支付等申请,交易滞后和系统崩溃现象时有发生。面对银行的低效率,国民忍一忍也就过去了;但有一天,更为严重的事情发生了,恐怖分子把银行的所有的数据信息摧毁了,国民的存款和交易记录化为乌有,交易秩序陷入一片混沌。

灾难之后,国民召开大会,商讨如何建立新的国民账户,重构信用。连银行都不靠谱,那还有什么可以信赖的呢?这时,一个年轻人提出了一个方案,暂且叫作"区块链"。

具体做法如下:国民依旧通过记账的方式来进行交易结算,不过不是通过银行系统这个"大账本",而是以"小账本"的形式进行。当小明准备以100金币向小芳兑换她家的一头母牛时,"区块链"悬赏一定的金额让大家帮忙检验并记账,最快最好地验证出"小明确实有100金币并且确实给了小芳"的人,将被授予"矿工"称号,并获得一定的奖励,"矿工"需要将这一笔交易记录在编号为1的账单上。第二天,当小芳准备拿10金币向小丽兑换她家的母鸡时,国民们便可以翻阅之前编号为1的账单,最快最好地验证出"小芳确实有 10 金币并且确实给了小丽"的人,被授予"矿工"称号,并获得一定的奖励,"矿工"需要将这一笔交易记录在编号为 2 的账单上。每次交易之前国民都可以翻阅之前的交易记录,以此类推,不断延续下去。

与此同时,当小明试图虚增资产,私自对自己持有的金币数量进行更改时,其账户的改动将通过区块链网络传播到整个"大账本"系统中,只有被网络中其他参与者(如小芳、小丽等)合计超过 51% 的人记录认可之后,小明的篡改才能成功。这在技术上表现为须在同一时间入侵 51% 以上的用户账本并完成数据篡改操作。在现实中,显然是不可能实现的,尤其是当数据量和用户量大到一定程度时。可以说,区块链技术使得数据、信息以及交易记录一经验证便无法被篡改,大大提升了可靠性和稳定性。

(例二) 随着社会分工的不断细化,个体需频繁地与外界进行信息交流和价值交换,并发生如网络购物、生病住院、银行存取钱、买卖股票、房屋过户、手机通信等一系列行为,从而产生大批量的数据与信息。过去,这些信息主要由一些专门的机构或者系统来记录和存储,如政府和银行系统,且往往是保密的,不向公众开放。所以,当我们与陌生的对手方进行交易时,需要由掌握以上信息记录的、可信赖的第三方或中间商帮我们审核交易的真实性,比如政府、银行、会计师、公证员。如同我们在淘宝上购物,买家和卖家互不认识,需通过支付宝来构筑双方信任。在此交易流程中,支付宝就成为中心机构,并掌握了买家和卖家的所有信息。试想,如果支付宝发生故障或者跑路或者贩卖客户信息,将会怎样?毋庸置疑,后果将不堪设想。同样,政府、银行、医院等皆面临类似问题。

那么应该如何解决中心化机构存在的此类共性问题?如何重构价值交换流程?连政府、银行等最具公信力的机构都不太靠谱,那还有什么可以信赖?值得庆幸的是,名叫"区块链"的新事物可以很好地解决以上问题。区块链的出现,使"可信赖的第三方"地位岌岌可危。

具体做法如下:通过适当的激励机制让人人都参与记账和交易行为认

证,从而绕开特定的独立第三方记账人,实现交易全民记账。如小明打赌输了,赌注为一顿饭,此时小明会对外发布信息说"我是小明,我欠小芳一顿饭",小芳也会对外发布信息说"我是小芳,小明欠我一顿饭",此时路人甲、乙、丙、丁听到这个消息,并用账本默默记下这笔交易。如果小明反悔,参与记账的甲、乙、丙、丁会站出来斥责小明,说"我的账本上清清楚楚地记录了你某月某日在某地说的欠小芳一顿饭"。当然,其中涉及两个问题:一是如何让大多数人都参与记账呢? 二是如何确保个体对外发布的交易信息真实,而不是伪造的呢?

如何实现人人记账? 凭什么你发布消息,路人就有那么高的积极性把它记录下来呢? 面对此难题,区块链自有解决之道。区块链系统通过机制设计,给最快最好地把消息记录下来并验证完成消息真实性的人一定的奖励,当作对此人辛苦记账的酬劳,也可理解为服务佣金,从而迅速提高大众记账的积极性。如何确保个体对外发布的信息是真实的? 如果凭空捏造的信息也可被大家所记录并通过,流通一段时间后逐渐被大众所接受,那很有可能就以假乱真了。对于此,区块链也有应对之策,其设计了信息环环相扣的机制。每一笔交易,包括时间 X、地点 Y、交易对象 A 和数量 N,都会被记录下来并编号,然后链接到下一个账本中,这样随着交易的增多,链接的账本数量就越来越多,资料也越来越全。如小明以 1 000 元钱的价格向小芳购买了她家的一头母牛,这笔交易将记录在编号为 1 的账本上。第二天,当小芳拿 100 元钱购买了小丽家的一只母鸡,大家会争先翻阅之前编号为 1 的账本,以确定"小芳确实可以拿出 100 元钱(因为小明给了她 1 000 元钱)",并把这笔交易记录在编号为 2 的账本上,同时,编号为 1 的账本也被压缩并融合在编号 2 的账本中。以此类推,每笔交易都被编号,并与之前的交易链接起来,使得每次交易之前大家都可以翻阅之前的交易记录,以核实单个个体对外发布的消息是真实的。

区块链结构图见图 1-7。

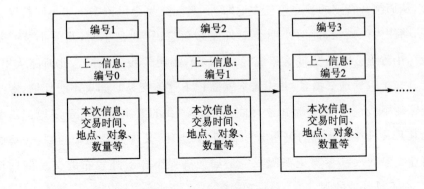

图1-7 区块链结构图

1.3 区块链的技术特点

从定义来看,区块链可看作一个可信赖的、超容量的公共账本;但从技术层面深度分析,区块链却是多种变量的函数,这些变量构成了其本质技术特征。

1.3.1 "区块"+"链"结构

在区块链技术中,存放交易信息的媒介叫作"区块",区块由参与记账的个体(即前面所称的"矿工")创建。区块是按照时间先后、一个个按顺序生成的,每一个区块都记录了它被创建期间所发生的交易信息,这些区块合在一起就形成了记录合集,合集储存了所有价值交换所产生的交易信息。区块的结构设计大体上较为一致,包含块头(Header)和主体(Body)两部分,如图1-8所示。块头包含了前一区块交易信息的压缩值,以提供信息的完整性,主体则包含本区块创建过程中已经过验证的交易信息。

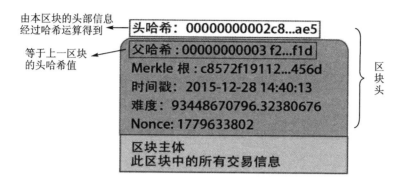

图 1 - 8　区块由块头与主体组成

区块以链条的形式连接,环环相扣,新交易信息一经产生,就被迅速记录成一个新的区块,连到链条上,逐次累积,形成一个涵盖所有历史交易信息的超级账本。其链式结构如图 1 - 9 所示。

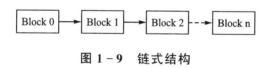

图 1 - 9　链式结构

肖风在为《区块链:新经济蓝图及导读》一书所写的序中,对区块链的基本结构是这样总结的:"人们把一段时间内生成的信息(包括数据或代码)打包成一个区块,盖上时间戳,与上一个区块衔接在一起,每一个区块的页首都包含了上一个区块的索引数据,然后再在本页中写入新的信息,从而形成新的区块,首尾相连,最终形成了区块链。"区块链结构如图 1 - 10 所示。

图 1 - 10　区块链结构示意图

17

1.3.2 共识机制

比特币的出现,使"可信赖的第三方"地位岌岌可危。比特币通过计算机联网的方式共同维护一个对全民公开的账本,这些账本是完全公开且不受任何组织控制的。更确切地说,它是一个公开可查、由整个分布式网络维护的数字大账本,我们称之为区块链。从本质上看,区块链的去中心化,是通过将记账权交给一套共识算法,从而避免人为因素导致的数据差错与偏误。

对比图 1-11 和图 1-12 可知传统记账机制与区块链记账的本质区别。

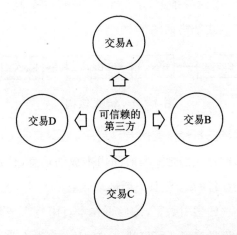

图 1-11　传统记账机制——可信赖的第三方

在区块链中,所有的交易都有记录,包括交易的日期、具体时间、交易对象和数量,网络中每个节点都拥有区块链大账本的完整副本,相当于每一个节点都拥有大账本的复印本。区块链利用先进而复杂的数学原理,让系统中的所有用户竞争性地参与记账。在某一时间段中,记账最快最好的用户记录将被选中,并记录到大账本中。因此,在区块链记账机制下,正确参与记账的个体将获得一定的奖励。那么如何进行奖励的分配呢?这就需要一

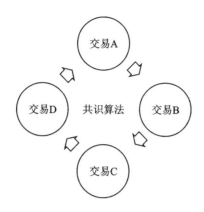

图 1-12 区块链记账——共识算法

些证明机制,这些机制将保证信息记录的真实性。从目前来看,比较常用的机制有三种:PoW、PoS、DPoS。

1. 工作量证明机制(Proof of Work,PoW)

工作量证明机制是比特币采用的共识机制,简单来说是挖矿机制,节点需要花费很大的算力才能解决一个数学难题,从而获得记账权。获得记账权的节点需把要记录的数据广播出去,全网其他节点验证后方可储存下来,保存在区块中。一般来说,节点的计算机性能越好,算力越强,计算并解答出数学难题的可能性越大,获得创建新区块权利的机会也越大,从而可以获得更多的奖励,因此这种机制完全是根据节点的工作证明机制来执行货币的分配。大部分的虚拟货币,比如比特币、莱特币,都是基于 PoW 模式进行奖励分配的虚拟货币。

2. 股权证明机制(Proof of Stake,PoS)

股权证明机制是一种升级版的机制,以太坊主要采用这种模式。其背后的思想是,当系统出现问题时,持币越多的人面临的潜在损失越大,因而这部分人作弊的动机更小,可给予其更多的记账机会,但在每一次记账后则减小其相应的下次记账概率,一段时间没有记账则增大其记账概率。这种动态的调整机制,使得挖矿难度因人而异,从而提升挖矿的效率,在一定程度上可以缩短共识达成的时间。

3. 授权股权证明机制(Delegate Proof of Stake,DPoS)

授权股权证明机制类似于股东会与董事会的委托代理机制,其理念是每个节点可以将其投票权委托给一名代表,获得票数最多的前100位代表按既定时间表轮流记录因交易发生而产生的区块。每名代表分配到一个时间段来生产区块,其他所有的代表将收到等同于一个平均水平的区块所含交易费的1%作为报酬。从某种角度来看,DPoS类似于公司治理中的董事会制度,如果董事不尽职尽责(不按时间产生新的区块),则股东会就有权罢免他们,并产生新的董事来代为履行其职责。

不同共识机制的优缺点对比见表1-2。

表1-2 不同共识机制的优缺点对比

共识机制	优 点	缺 点
PoW	完全去中心化,节点权利等同,记账结果容易获得所有节点的认可	挖矿能耗高,共识达成时间长,不适合商业应用
PoS	效率较高,缩短了共识达成的时间	根据持币数量分配记账权利,可能造成一定程度的"穷者愈穷,富者愈富";需挖矿,能耗较高,仍不适合商业应用
DPoS	效率高,能耗低,大幅度减少参与验证和记账节点的数量,可以达到秒级的共识验证	整个共识机制还是依赖于代币,削弱了去中心化属性,不符合区块链的本质思想

1.3.3 分布式结构

相比去中心化,分布式结构更能反映区块链的技术核心,其实现依托于区块链分布式记账、分布式传播、分布式存储三大技术。

分布式记账:通过设置奖励使人人都积极参与记账,最快最好完成且被大多数人认可的记账信息将被采纳,并记录于大账本中。分布式记账不依赖单个中心。

分布式传播:交易信息由单个个体直接发送至网络中的所有参与者,而不是传输至中央服务器,再传输至其他交易者。

分布式存储:人人参与记账,每个个体在记录本次交易信息时,需下载并翻阅此前的账本记录,使得所有的历史信息都分别储存于各个参与主体。因此,即使某一个体的账本丢失或毁损,也不影响其他个体对信息进行更新。

传统中心化记账与区块链分布式记账对比见图 1-13。

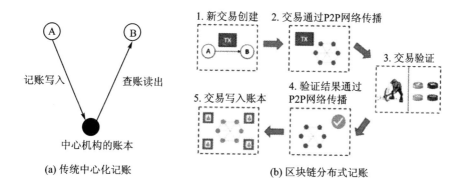

(a) 传统中心化记账　　　　　(b) 区块链分布式记账

图 1-13　传统中心化记账与区块链分布式记账对比

过去,是中心化架构横行的时代;现在,去中心化结构受到推崇,典型案例有 Facebook、Twitter、Uber、Airbnb 等;未来,分布式结构将成为主流,已有相关实践正以燎原之势发展。

价值和信息互换的三种架构见图 1-14。

去中心化的一个著名案例是苏宁旗下的 PPTV 网络电视,其基础是 P2P 多点共享协议。一般来说,看视频的人越多,储存资源的中央服务器所承载的压力越大,播放画面越不流畅;而 PPTV 用户在视频观看过程中,既

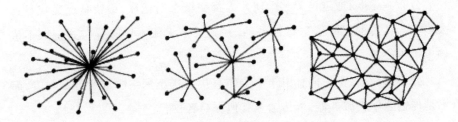

图 1 - 14　价值和信息互换的三种架构

是资源下载者,也是上传者,人人都担任着服务器的角色,资源的分享不再依赖于中央服务器,从而使观看视频的用户越多,播放反而越流畅。

1.3.4　现代密码学技术

密码学技术使交易信息在分布式记账、传播、存储过程中,私密性能得到最大程度的保护。在传统中心化系统中,需要设置密码以备下次操作中证明自己身份,正如在 ATM 上取钱第一步需输入密码;而在区块链技术中,个体需要向全网络中的参与者发送交易信息,既要保证信息的私密性,又要使特定的人能收到并查看信息,这就需要依托于现代密码学技术,如公钥与私钥加密技术,也称为非对称加密技术。非对称加密,简单来说,就是在加密和解密过程中设置不同的密码。加密密码(即区块链中的公钥)是全部交易参与者都可见的,所有人都可以用自己或他人的公钥来对信息进行加密。解密密码(即区块链中的私钥)是信息的目标接收对象才拥有的,只有他才可以解密这个信息,其他任何人的私钥都无法解密。更进一步说,公钥和私钥是成对的,公钥用于加密,私钥用于解密。

以图 1 - 15 所示情况为例,当 Alice 与 Bob 试图发生交易时,Bob 需将他的公开密钥传送给 Alice,Alice 随机用 Bob 的公钥对交易信息加密,并将加密后的信息向所有参与者传播,Bob 收到后用自己的私钥解密即可查看信息,以此完成信息传递。

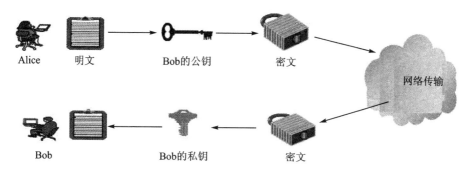

图 1-15　公钥加密和私钥解密示意图

1.3.5　可信赖

从区块链的结构来看,由于每一个区块的块头都包含了前一个区块的交易信息压缩值,因此,所有的区块都是相互关联的。如图 1-16 所示,如果要改变区块链中某一区块上的信息,则其后的区块块头的信息必须随之发生改变,进而引发后续所有区块的信息发生更改,这在技术上几乎是不可行的,工作量太大了。

图 1-16　更改区块信息的路径

从区块链记账方式看,区块链的激励机制让全民参与记账,使得系统没有特定的独立第三方记账人,系统中任意节点上的记录丢失,其他节点上因为有全套复制账本,最终信息传递和交易达成并不会受到任何影响。如果有人试图制造欺诈交易,它的节点信息将无法和网络达成共识,因为他的账本内容与大多数人的账本不一致,故不会被大众认可,除非他能篡改超过

51％节点上的账本记录。显然,这很难实现,因为没有人可以同时控制分布在全球各地节点上的记账电脑。因此,区块链不会使虚假交易达成。区块链技术对于试图修改或者重写交易记录的人而言,成本是非常高的。

通过区块链,每一笔交易都是公开的,而且由成千上万个节点,以匿名方式确认交易发生的日期 X、时间 Y、数量 N 等,如同以公证员的身份公证了所有交易。如此一来,大家可共享同一数据来源,数据公开透明可信赖,这就是我们信任区块链的原因。

1.3.6　时间戳

时间戳是区块链的一大创新,指所有参与记账的个体可以在每一个区块上盖上一个时间戳,以说明信息是何时写入的,使账本从第一页开始呈现出时间顺序,以此构建一个可根据时序追根溯源的大账本。由于区块是按顺序先后产生的,因此区块链相当于给我们提供了一个包含所有历史信息的数据库。任何一条交易信息,都可以通过查找功能追根溯源,逐笔进行验证,且至少可以证实:此次交易的时间、地点、对象、数量等信息的真实存在性;该笔交易是由谁记录的,谁应对交易信息负责。

具体在应用上,时间戳价值巨大,大大提升了对于信息真实性的判断效率。如在财务审计中,对于可疑财务数据,审计师可借助区块链时间戳追根溯源,逐笔验证,精准分析数据是否被篡改。如在房产保护领域,从拿地开始,再到房屋建造、买卖、转让各个环节,都把相关的产权信息、交易信息通过记账的方式链接到区块链中,一旦产生房产纠纷,只要通过查阅区块链上的房屋产权数据库,就可以有效明晰产权,降低调查和公证成本,简单便捷。再如知识产权保护领域,将贵重的艺术品所有权登记在基于区块链技术的公共账本上,一旦产生产权纠纷,即可追溯艺术品交易的历史,确认艺术品的所有权归属。

1.3.7　可编程的智能合约

智能合约(见图 1-17)是运行在可托管资产的、分布式账本上的、内含状态的事件驱动程序,将一段代码(智能合约)部署到分布式账本上,账本即能自动维护其状态,控制其价值(资产),并且能够对到达的外部信息或收到的价值(资产)信息做出反应。

图 1-17　智能合约示意图

区块链智能合约类似于交易合同,而可编程是指可随意给交易合同添加限制条件。

智能合约的优势是利用程序算法代替人执行合同,其内容是代表相关承诺或协议的代码,这些代码将在区块链中自动执行。

在一个去中心化的环境中,个体与个体之间的交易模式多种多样,所需满足的交易条件也千差万别,可编程的智能化合约不可或缺。例如,父母在给儿女零花钱时,可编辑一段程序写入其中,限制零花钱的使用范围,使该笔钱只能用于生活消费,不能用于游戏支出;又如,央行定向释放流动性时,可对新发行的货币预先设定条件,使该资金只能用于三农建设,而不能流入房地产市场。

1.4 区块链联盟介绍

区块链的迅猛发展,引发了广泛关注,国内外企业纷纷建立相应的联盟组织,加快对区块链的研究和交流,以防错失区块链革命所带来的未来机会。目前,国外较为知名的区块链联盟有 R3、超级账本(Hyperledger),国内则有中国区块链研究联盟(China Blockchain Research Alliance)、中国分布式总账基础协议联盟(China Ledger 联盟)、金融区块链合作联盟等。

1.4.1 超级账本

超级账本是 Linux 基金会于 2015 年发起的推进区块链数字技术和交易验证的开源项目。2015 年 12 月,Linux 基金会牵头联合 30 家初始成员(包括 IBM、Accenture、Intel、J. P. Morgan、R3、DAH、DTCC、Fujitsu、Hitachi、SWIFT、Cisco 等),共同宣告超级账本项目成立。

超级账本汇集了金融、银行、物联网、供应链、制造等各行各业人员,其目标是共同建立并维系一个跨产业的、开放的、分布式账本技术平台,让区块链技术在商业应用上的步伐得到更显著的加快。截至目前,已经有超过100 家企业和机构宣布加入超级账本项目,其中 1/4 的成员为中国企业。具体而言,超级账本项目包含以下两大类型成员(其成员分布见图 1-18):

超级账本项目的首要会员:埃森哲(Accenture)、空中客车(Airbus)、芝加哥商品交易所集团(CME Group)、德意志交易所集团(Deutsche Boerse Group)、数字资产控股(Digital Asset Holdings)、存管信托及结算公司(DTCC)、富士通(Fujitsu Limited)、日立(Hitachi)、IBM、英特尔(Intel)、

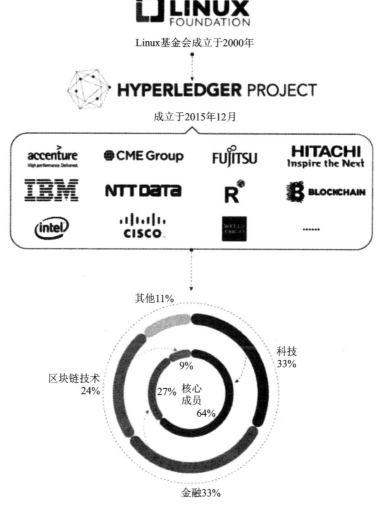

图 1-18 超级账本成员分布

R3、摩根大通、万达飞凡科技等。

超级账本项目的普通会员：荷兰银行、Aesthetic Internation、Altroros、澳新银行、Blockchain.info、Blocko、Blockstream、Bloq、巴黎银行、纽约梅隆银行、Broadridge、Calastone、思科（Cisco）、Cloudsoft、CLS、Coinplug、Colu、

ConsenSys、Credits、Cuscal、Energy Blockchain Labs、Eurostep、Gem、Guardtime、Hundsun、Intellect EU、Intuit、Inveshare、Ircotech、韩国证券保管、Libra、Milligan Partners、NSE、NETKI、诺基亚、Norbloc、NTT DATA、红帽、Paxos、Ribbit、三星、SANY、俄罗斯联邦储蓄银行、Skry、日本 Soramitsu、美国道富银行（State Street）、SWIFT、Symbiont、VMware、富国银行、tequa creek、汤姆森路透、加拿大 TMX 集团、UMP、北京金茂信息科技、数贝荷包、Belink、Bitse、小蚁、众享比特、橙色魔方、华为、复杂美、北京博图纵横科技公司、北京全息互信科技公司、太一区块链、金丘股份、布比、趣链科技、区块达客、新国都、点融网、云象、梧桐树、保全网、中钞信用卡产业发展有限公司等。

超级账本项目目前拥有三大运行程序：第一个是 IBM 公司捐赠的 OBC；第二个是 Intel 公司捐赠的 Swatooth，但关注度相比 OBC 差了不少；第三个是区块链初创公司 DAH 捐赠的，实际上是在 IBM 的 OBC 平台上搭建的一个简单的应用程序接口库。目前 IBM 的 OBC 被下载、使用的次数最多，所以一般业内人士提到超级账本时指的就是 IBM 的 OBC。

超级账本项目的代码库组成和被分享次数见图 1-19。

图 1-19 超级账本项目的代码库组成和被分享次数

1.4.2　R3 联盟

R3CEV 是 2014 年成立、总部位于纽约的一家区块链创业公司。2015 年 9 月 15 日,R3CEV 联合九家创始机构(巴克莱银行、西班牙对外银行、澳洲联邦银行、瑞士信贷银行、高盛、摩根大通、苏格兰皇家银行、道富银行、瑞银)发起成立 R3 区块链联盟。

R3 联盟致力于基于区块链技术的解决方案,制定银行业区块链技术开发的行业标准,以及探索实践应用,以便尽快在银行业务中落地区块链应用。

截至目前,R3 已成为世界上影响力最大的区块链联盟之一,已吸引除九大创始机构之外的诸多巨头的参与,其中包括富国银行、美国银行、纽约梅隆银行、花旗银行、德国商业银行、德意志银行、汇丰银行、三菱 UFJ 金融集团、摩根士丹利、澳大利亚国民银行、加拿大皇家银行、瑞典北欧斯安银行(SEB)、法国兴业银行等。

2015 年,参与 R3 的合作银行大概是 42 家,到 2016 年年底,这一数字就扩大到 70 多家,其中包含众多非银行金融机构。

截至目前,R3 联盟中有 5 家中国单位加入,分别为民生银行、中国外汇交易中心、招商银行、中国平安和香港友邦人寿保险公司。

不过,值得注意的是,在新成员涌入的同时,一些老成员逐渐开始退出。2016 年 11 月,高盛、桑坦德银行相继宣布退出 R3 联盟,这无疑让 R3 联盟的未来发展充满了更多的不确定性。

R3 联盟的目标是打造银行间的分布式总账系统。众所周知,目前的银行系统相互隔离,各家有各家的账本。如果两家银行发生交易,那就在各自账本上各记录一笔,将信息保存在各自的服务器上。如何保证账本记录的真实性呢?对于银行来讲,外部检验就是看价值交换信息、看合同、看票据,内部就是看借贷是否一一对应,是否余额相等。必要的时候,双方可以通过"对账"方式确认交易,以此达成最终的共识。但如果基于区块链进行记账,以上的烦琐事项就不复存在了。

区块链记账下的分布式账本,将不再是储存在自家的服务器上,而是分布在所有银行成员中,并且所有成员皆可参与记录并维护交易信息,最终高效率地达成共识内容,大大降低交易达成和后续验证所需要的时间成本和人力成本。

截至目前,R3 联盟主要在电子交易、商业票据签发和票据赎回等应用上进行了相关的测试。R3 联盟已经让 40 多家银行成员测试了五种不同的区块链基础构架,包括以太坊、Chain、Eris Industries、IBM 和 Intel 的产品。2016 年 4 月,R3 联盟发布了其旗舰开发项目,即一款基于区块链的应用——Corda。Corda 将从根本上重构分布式账本技术,致力于为金融机构、监管机构和个人提供更具针对性的解决方案。

1.4.3 金联盟

2016 年 5 月,金融区块链合作联盟(简称"金联盟")在深圳成立,成员包括微众银行、平安银行、招银网络、恒生电子、京东金融等在内的 31 家企业(见表 1-3),其中发起单位 25 家,腾讯、华为等 6 家机构作为成员单位加入。目前,金联盟成员单位数量已扩展至 67 家。

该联盟旨在整合、协调行业与成员之间的区块链研究资源,加强行业交流,共同提升成员在区块链技术方面的研发能力,探索建立适合金融机构体系之间使用的区块链方案,目标是"在 3~5 年内研发一条或多条金融区块链,推出多种广受欢迎的区块链终端应用,制定一批高水平联盟标准,申请一批区块链专利技术。"

为推动金联盟技术应用落地,微众银行联合腾讯打造了"区块链云服务

BaaS",集成了在云端搭建区块链应用的所有必需品,如区块链底层基础设施、开发者工具、模板、资源等。接入"区块链云服务 BaaS"的机构可以轻松自建联盟链,并控制审批区块链上的节点身份。相比于其他区块链联盟,金联盟在技术应用落地方面具有领先水平。

表 1-3　金联盟 31 家成员单位

所属行业	成员单位
银行	微众银行、招商银行、平安银行、山东农商银行
基金	博时基金、南方基金
证券	安信证券、国信证券、招商证券、第一创业证券
保险	前海人寿、华安财险、富德保险
股权交易所	前海股权交易中心、重庆股份转让中心、武汉股权交易中心、齐鲁股权交易中心、中关村股权交易服务集团
科技企业	赢时胜、银链科技、恒生电子、金证科技、四方精创、平安金科、京东金融、腾讯、华为、深证通、深金信会、致远速联、中证信用

1.4.4　China Ledger 联盟

China Ledger 联盟(全称为"中国分布式总账基础协议联盟")是 2016 年 4 月由 12 家机构共同发起成立的区块链联盟。

发起机构中既有国企又有民企,分别为中证机构间报价系统股份有限公司、中钞信用卡产业发展有限公司、北京智能卡技术研究院、浙江股权交易中心、深圳招银前海金融资产交易中心、厦门国际金融资产交易中心、大连飞创信息技术有限公司、通联支付网络服务股份有限公司、上海钜真金融信息服务有限公司、深圳瀚德创客金融投资有限公司、乐视金融、万向区块链实验室。

上海证券交易所前工程师白硕出任了该联盟技术委员会主任,联盟秘书处则设在万向区块链实验室。

China Ledger 联盟致力于共同开发研究符合中国国情、政策法规、业务逻辑及使用习惯的分布式总账系统及衍生技术。未来,其底层技术所代表的基础代码将开源共享,向全民开放,社会各界可基于此协议搭建具体的应用场景。

具体而言,China Ledger 联盟主要有以下四大目标:

① 聚焦区块链资产端应用,兼顾资金端探索;

② 构建满足共性需求的基础分布式账本;

③ 精选落地场景,开发针对性解决方案;

④ 基础代码开源,解决方案在成员间共享。

1.4.5 中国区块链研究联盟

2016 年 1 月,全球共享金融 100 人论坛(下称 GSF100)在北京宣布成立"中国区块链研究联盟",由万向控股、厦门国际金融技术有限公司、中国保险资产管理业协会、包商银行、营口银行共同发起。中国区块链研究联盟定位于 GSF100 内部设立和管理的区块链学术研究平台,研究成员由国内外学界、实业界具有较强学术功底和社会影响力的专家担任,致力于实现以下三大目标:

① 打造区块链技术的研究与交流平台;

② 打造政策沟通平台,厘清区块链技术在现有监管模式与货币政策操作中的定位;

③ 打造区块链技术的市场应用平台,推动具体应用规则的规范化、标准化,进行项目落地与路演,形成区块链研究领域具有高端学术品位和较强国际影响力的中国特色新型智库。

中国区块链三大联盟的参与机构见图 1 - 20。

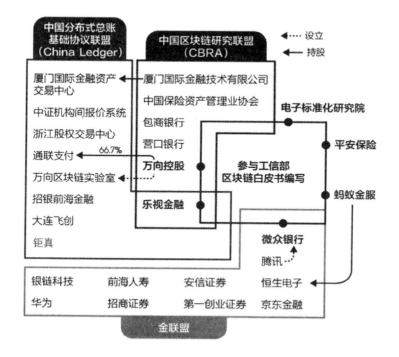

图 1 - 20　中国区块链三大联盟的参与机构[*]

1.5　区块链三大分类

从结构和对象上来看,区块链可分为公有链、私有链及联盟链,如图 1 - 21 所示。

---

*　图中所示联盟机构未包含联盟全体成员。

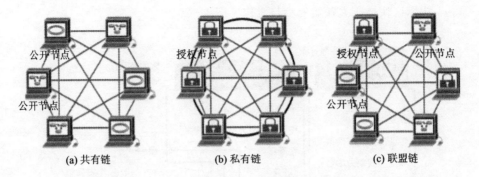

(a) 共有链　　　　　　(b) 私有链　　　　　　(c) 联盟链

图 1 - 21　公有链、私有链、联盟链示意图

1.5.1　公有链

公有链(public blockchain),顾名思义是指对所有人开放,任何人都可以参与的区块链系统架构。再进一步说,公有链是指全世界任何人都可以参与信息的读取、记录、传播、储存和验证,并最终达成全民共识的区块链结构。公有链是完全去中心化的架构,是最符合区块链技术本质精神的架构。

具体而言,公有链具有以下特点:一是保护用户免受开发者的影响。在公有链中,系统预先由开发者设定,用户只能利用这个系统参与信息的记账、传播等,但不能对系统本身进行修改和重新设定,这很好地保证了系统的稳定性和中立性;二是人人皆可参与,这为区块链走进千家万户、走向民间应用奠定了良好的基础;三是在不暴露隐私的情况下,让数据和信息得到最大化公开。在当前中心化架构中,隐私泄露严重与数据公开程度不高两大问题并存,而公有链可让以上问题迎刃可解,可实现在匿名的情况下让信息得到最大化公开。

在应用方面,公有链最为著名的表现形式是比特币,其次是以太坊、超级账本、大多数山寨币等应用。以以太坊为例,它是一个开源的区块链平台,更确切地说,是可编程的区块链,允许任何人基于其代码构建去中心化

34

的复杂应用。

1.5.2 私有链

私有链（private blockchain）与公有链在功能上正好相对，私有链仅对单独的个人或实体开放，不对外部无关人士开放。在私有链架构下，无论是信息的读取、记录、传播、储存和验证，都受到很大程度的限制，只有参与私有链的人士才有权限。从本质上看，私有链不仅节点数量少，而且所有节点可能最终都由一个实体控制，一个公司内部的区块链系统是私有链的典型代表。

相比于公有链，私有链在商业上更具应用前景：一是交易速度更快，交易成本更低，这主要得益于私有链的封闭性，减少了很多节点，使得达成交易验证和共识的时间大为缩短，时间成本减少、交易流程简化；二是更大程度地保障隐私，公有链通过加密算法来保障隐私，但私有链在加密算法之外，另外加了一层保障，即"圈子"，没有进入这个圈子的人根本无法接触到这些信息，因此私有链对信息有双层保障。对于外溢性较强的金融、互联网等行业来说，私有链无疑具有更大的吸引力。

1.5.3 联盟链

联盟链（consortium blockchain）只对特定的组织团体开放，公众可以查阅信息和进行交易，但不能参与验证交易，若要参与验证则须获得联盟许可，在架构上可视为"部分去中心化"。在具体运作中，联盟链往往是在某个群体内部指定多个预选的网络节点作为记账主体，区块的生产、验证都由这些预选主体共同决定。其本质上是一种半公开的形式，将公有链和私有链的特点进行了有机结合。

联盟链架构下,区块信息对外公开,任何人有权参阅和交易,信息的真实性可以得到更好的监督,可以实现去中心化下的信任问题。同时,联盟链还最大化地保留了私有链的相关优点,通过预选相关节点作为验证主体,使得新区块的生产不需要通过所有节点,大大提高了交易效率。

在应用方面,联盟链的使用最为普遍。无论是 R3 联盟还是超级账本项目,都在积极开发联盟链项目。从目前来看,联盟链或许是巨头们最为青睐的一种架构。

1.5.4 小 结

实践中,到底应该采用何种类型的区块链,业内外人士观点不一,争议较多。

支持公有链的人士认为,区块链之所以被称为第四次工业革命,很大一部分原因在于其去中心化特性,在于其颠覆了当前价值交换机制。因此,公有链才是符合区块链本质的架构,是最具有发展前景的,而私有链格局太小,一般只能供私人企业使用,最终只会演变成为公司内部的一个信息管理工具。同时,私有链可能让一个实体控制所有节点,这使得用户过度依赖于某一个第三方机构,这有悖于区块链精神。

支持私有链的人士认为,任何技术革命的最终目的无外乎是追求公平和效率的均衡,如果过度追求公平公正,则可能导致效率缺失,不利于社会进步。从目前的情况看,公有链并不适合商业应用,私有链反而更具有落地的可能性。

当然,更多的人士持中立态度,认为私有链虽然不能颠覆金融运作机制,但是可以有效解决传统金融机构效率低以及安全和欺诈等问题,具有明显的进步意义。但公有链有潜力从根本上改变金融体系的运作方式。或许,在应用方面,可以先从私有链出发,通过日积月累的技术革新,逐步过渡至公有链,最终实现区块链的本来之义。

总而言之,公有链、私有链、联盟链都是区块链技术的一个细分板块,而技术仅仅是一种工具,如何在不同的场景中应用好不同的工具才是技术进步的关键。因此,综合来看,公有链、私有链与联盟链三种模式并无简单的优劣之分(见表 1-4),主要在于应用场景的不同。

表 1-4 公有链、私有链与联盟链之间的区别

项 目	公有链	联盟链	私有链
中心化程度	去中心	多中心	单一中心
交易成本	10 min	较快	很快(秒级)
隐私保护程度	低	较高	高
应用扩展性	低	一般	高
适用领域	广泛应用于支付、金融资产交易、存在性证明等	银行或国家清算、结算	公司、政府内部审计和测试,政府主导的产权登记等

1.6 区块链应用场景

区块链作为一种新型的技术手段,第一次让人类可以超越地域限制、超越中心化机构、以去信任的方式展开协作并达成共识,也由此全面开启了人类对于其应用的遐想空间。从目前的研究成果看,比特币只是区块链应用场景中的冰山一角,大胆预测,未来任何依赖中心化架构的商业场景都将有可能看到区块链的身影。纽约社会研究新学院哲学和经济理论家梅兰妮·斯万在其著作 *BLUEPRINT FOR A NEW ECONOMY*(中文名为《区块链:新经济蓝图及导读》)中指出,区块链的应用范围可划分为三大层次,分别为区块链 1.0、区块链 2.0 和区块链 3.0。

1.6.1 区块链 1.0:可编程货币

数字货币是区块链 1.0 的核心。从比特币这一区块链技术应用的始祖,到后续衍生出的各类货币,如莱特币、以太币、狗狗币等,皆属于区块链 1.0 的范畴。基于区块链技术的数字货币,使货币兑换与国际支付更加便捷,成本更低。毫无疑问,以数字货币为代表的新兴货币正冲击着传统的货币体系,对货币的发行机制、分配机制、币值调节机制有着深远影响。未来,基于区块链技术的数字货币是否会打破国别而成为全球货币,值得我们期待。

1.6.2 区块链 2.0:可编程金融

除了数字货币,区块链最为直接的应用就集中在金融领域,可编程金融是区块链 2.0 的核心。通过加入"可编程的智能合约",区块链的应用范围开始从单一的货币领域扩大到涉及合约功能的其他金融领域,如股权、债权、供应链金融、互助保险、博彩、防伪等。

目前,很多股票交易所正积极通过区块链技术进行股权的登记与转让,这正是区块链在金融领域的初步应用。

1.6.3 区块链 3.0:可编程社会

可编程社会为区块链 3.0 的核心,也是区块链应用的终极形态。随着对区块链技术研究的深入,其"去中心化"、"可信赖"、"加密"等技术特征逐步受到重视。区块链的应用也拓展到金融领域之外,覆盖到社会生活的方方面面,开始在政府、商业、健康、科学、文化和艺术等方面有所建树,并试图建立一个去中心化的高度自治的现代社会体系。

1.6.4 区块链创新应用前瞻

区块链1.0、区块链2.0、区块链3.0开启了我们对于区块链未来创新应用的无限憧憬,使我们有理由相信所有当前基于"中心化"和"信任需要"的商业场景都可以被区块链再造,在提升效率、降低成本的同时,催生出更多样化的未来商业模式,为未来世界的运行塑造更多的可能性。

管中窥豹,预计区块链将在以下十大领域(见图1-22)中产生很强的化学反应,优化和重构当前商业图景:一是货币与金融领域,二是公共服务领域,三是政务领域,四是公证与产权界定领域,五是网络安全领域,六是身份验证领域,七是供应链管理领域,八是财务审计领域,九是共享经济领域,十是万物互联领域。

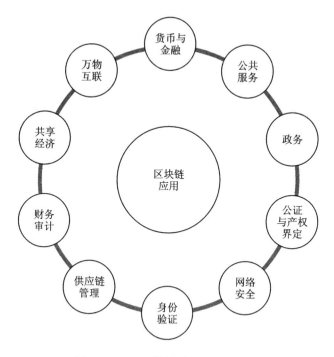

图 1 - 22 区块链应用十大领域

1. 货币与金融领域

货币与金融领域是区块链萌芽之地，也是目前区块链应用最为广泛、最为活跃的领域。金融是中心化架构聚集的区域，无论是监管层面（如"一行三会"），还是银行、证券、保险等金融机构，都存在通过区块链去中心化的可能性。

区块链在金融领域的以下九大场景中可发挥举足轻重的作用（见图 1－23）：

① 数字货币，通过绕过中心化的中央银行，提高货币发行及使用的便利性；

② 跨境支付与结算，绕过烦琐的跨境中介机构，实现点到点交易、即时到账，降低中间费用和时间延滞；

③ 证券发行与交易，绕过投行及中央结算机构，实现个人对个人的直接股权发行；

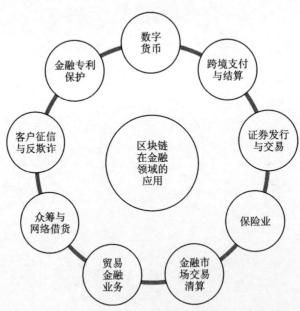

图 1－23　区块链在金融领域的九大场景应用

④ 保险业,实现点对点的互助保险,去除保险中介,降低投保成本;

⑤ 金融市场交易清算,实现实时资产转移,加快交易清算速度;

⑥ 贸易金融业务,基于区块链跟踪商品流、资金流、物流,减少人为介入;

⑦ 众筹与网络借贷,区块链的公开透明机制使得信息披露更为完善,解决平台虚构资产、隐秘交易等违规问题;

⑧ 客户征信与反欺诈,降低法律合规成本,预防金融犯罪;

⑨ 金融专利保护,专利信息记录于区块链中,不可篡改,最大程度地保护知识产权。

2. 公共服务领域

公共服务领域与人民生活息息相关,是区块链服务民生的有益尝试。

① 文化,基于区块链进行资产确权,实现后续交易实时记录,保证文化作品的真实性与唯一性;

② 教育,构建区块链学历、学术论文等认证体系,降低造假风险发生;

③ 医疗健康,数据保护去中心化,防止病人数据,尤其是指纹和基因等数据泄露;

④ 精准扶贫,通过智能合约,设定扶贫流程与资助方条件,减少"伪扶贫"事件发生;

⑤ 公益慈善,将每一笔捐款的去向记录在区块链上,使目前慈善募捐的不愿透明、不值得信任升级为不得不透明、不可篡改、不可逆而充分信任。

3. 政务领域

政务领域,其低效率、信息不公开不透明、腐败等痛点,正好为区块链应用提供了良好的契机。

① 政府数字信息系统建设,如公安、海关等数据,易受攻击,需要有效的去中心化存储机制;

② 政府信息公开,将政府政策相关信息及流程记录在区块链中,公开透明,接受公众监督,防止腐败发生,如政府招投标管理及救助资金管理;

③ 公民投票选举,传统的投票活动中,在计票、匿名性等环节均存在伪造和篡改的可能,而基于区块链技术,可以实现实时不间断计票,同时保证投票人的身份保密;

④ 土地交易领域,将土地交易记录在区块链上,允许所有交易相关方,包括卖家、买家、不动产中介、银行及政府机构等,实时监控交易进展,有效防范诈骗交易和虚假交易的发生。

4. 公证领域及产权界定领域

（1）公证领域

传统公证依赖于政府机关公信力或者第三方公司的鉴定报告,常常面临手续烦琐、处理低效、认证成本高等问题,而通过将数据资料与信息加密记录于区块链上,盖上时间戳,一经记录,便无法被删除与篡改,从而获得更强的社会公信力。同时,一旦出现纠纷事项,只要查询区块链上的数字记录和时间戳,就可以追根溯源完成对事件的公正判断。

（2）产权界定领域

以房产保护领域为例,从拿地开始,再到房屋建造、买卖、转让各个环节,都把相关的产权信息、交易信息通过记账方式链接到区块链中,形成一个房屋产权数据库。由于这个数据库是分布式存储,即使某个房地产公司倒闭了或者政府部门垮台了,这些数据依旧能保存完好。因此,一旦产生房产纠纷,只要通过查阅区块链上的房屋产权数据库,就可以有效明晰产权,降低调查和公证成本,简单便捷。

5. 网络安全领域

"棱镜门"事件中,斯诺登作为 CIA（美国中央情报局）技术分析员,可以随意访问、复制、修改与删除系统信息,且动作隐秘,难以被发现。类似的事件在现实生活中也随处可见,这无疑给网络安全敲响了警钟。

基于"分布式"、"现代密码学技术"、"可信赖"等特征,区块链在网络安全领域将大有作为。

（1）保证数据的真实性

依托可信赖特性,一旦将信息储存于区块链后,便不可删除、不可篡改。同时,分布式也改变了数据信息的传统路径,保证信息数据的不可拦截,从根本上改变数据信息的安全问题。

（2）保证网络基础设施的稳定性

现有的网络基础设施,大多还是依赖于中心化的超级处理器,一旦该中心被黑客攻破,整个网络将陷入瘫痪之中。而基于区块链分布式架构,网络无超级中心,每个单点起着类似相同的作用,因此,即便某一单点被黑客攻破,也不至于导致整个网络不可用。

6. 身份验证领域

一入网络深似海,从此隐私是路人。随着互联网渗透到个人生活的方方面面,个人信息越来越多地被暴露在网上,信息保护尤为重要。个人信息的泄露,可谓网络诈骗的罪魁祸首。数据显示,约 78.2% 的网民个人身份信息被泄露,包括电话号码、购物习惯、身份证号码等。仅 2015 年,网民因个人信息泄露、垃圾信息、诈骗信息等导致总损失约 805 亿元,人均损失 124 元。而通过非对称加密技术,将身份信息储存于区块链中,在需要的时候,只需要通过密钥授权相关者查看即可证明自身身份,取代了烦琐的、易泄露信息的传统密码或者安全问题等验证手段,可以有效防范个人身份信息的泄露和冒用,保护个人财产免受损失。

7. 供应链管理领域

供应链管理的最高境界是信任,是上、中、下游三方实时的信息交换与价值转移。但是,当前的供应链管理,很难从根本上解决相互之间的不信任问题。因为不信任,导致信息交互难以实时;因为不信任,导致账期拉长,资金流动不顺畅;因为不信任,导致物权转移单据繁多、手续冗杂。因此,供应链管理领域最需要通过区块链创新以"去信任"。通过将所有文件和单据数据化,记录在区块链上,共享给所有参与方,后续供应链上的每一笔交易都在区块链上可以查询到,且依托智能合约可以自动化完成相关审批操作,透明实时,不可篡改,使各方安全、清楚地掌握资金流、信息流、物流、商流,构建起相互信任的供应链生态,实现"去信任"下的高效率。

除"去信任"之外,在供应链管理领域,区块链也是打击假冒伪劣商品的尖端工具。我国的假冒伪劣商品屡禁不绝,一个很重要的原因是目前商品供应链系统无法为货物提供一套可以从生产源头进行追踪的物流及交易记录,许多商品的信息中途缺失,导致行政机关查处假冒伪劣产品的成本很高。但基于区块链技术,从生产厂家开始,就将每一个产品的信息通过记账的方式链接到区块链中,之后到经销商、代理商、物流、最终消费者这一流程的任何信息变动也登记入内,实现产品信息全方位覆盖,任何信息都可以通过区块链进行追踪。消费者对于自己收到的商品,可以通过查看区块链信息来分辨真伪,如果区块链上没有该产品对应的全流程信息,则说明这个产品是存在问题的。所以,依靠区块链技术打击假货可能比现有的任何方式都更有效。

8. 财务审计领域

诚信是财务审计领域最重要的话题,财务审计师每天的重点工作无疑是识别因不诚信而导致的伪造与欺诈等财务事件。当前的审计方法大多是通过从很多的纸质凭证中抽样测试来判断是否存在财务缺陷,工作量很大,对审计师经验要求较高。若依托于区块链,则公司可以在私有链上构建全透明的财务系统,任何一笔交易产生的合同、发票、银行对账单等,都将记录在区块链上,并通过全网络参与者来判断交易的真实性与准确性。与此同时,每一笔被记录的交易将盖上时间戳,以备后续追根溯源的追踪。由此,从根本上改变当前财务审计方式,大大节省审核时间与审核成本,让财务欺诈无处遁形。

9. 共享经济领域

共享经济是当下及未来一段时间内极为火爆的话题,网约车、共享租房、共享单车、共享充电等带领我们进入了一个共享的世界。但是,现有的共享经济,如滴滴,只能算是共享的初级阶段,因为在资本的推动下,我们又看到一个更大的"独角兽公司"、一个更为绝对的中心平台的诞生。共享经济的核心,应该是去中心化,应该是个人对个人直接交易,而不是像目前一样,需要借助中心化的平台来构建信任,并向双方收取一定的服务佣金。因此,有必要通过区块链构建"完全去中心化"的共享世界,通过分布式账本技术实现真正的共享经济,让消费者和服务提供商之间的任何交易都可以通过去中心化的点对点(P2P)网络完美达成。

10. 万物互联领域

继互联网之后,物联网正逐渐成为未来几年内最激动人心的产业领域。从一张卡片到一台空调,从一块手表到一座大桥,皆可以通过智能感知、智能识别等通信技术,实现物物相连。万物互联实现的基础在于设备与设备之间、设备与人之间可以进行便捷有效的信息互换和价值互换。通过传统的中心化系统,随着连接的设备的增多,数据和信息处理错误的情况势必快速增多,同时,随着万物相连产生的数据的增多,中心化系统也难以保证数据的安全性,用户数据被不法分子窃取的事件将层出不穷。因此,区块链对于万物互联的意义重大,通过在海量的物体与人之间建立互相直接沟通的桥梁,同时又通过去中心化的共识机制提高系统的安全性和私密性,从而让万物互联跨越理想与现实的鸿沟,真正成为可能。

1.6.5 区块链金融领域应用示例

星星之火,已然燎原。目前,区块链已经在金融等多个领域表现出广泛落地应用的可能性。

1. 世界货币：创造出一种去中心化的数字货币

区块链在金融领域最成功的应用，无疑是创造出一种去中心化的世界货币，使全球货币发行不依赖各国的央行。货币的发行流通完全依赖于数学算法，使得人们可以在无需中介的情况下自由、高效地进行交易，比特币是其最初的雏形。

与此同时，区块链技术可提供可编程的智能合约功能，可随意给数字货币添加限制条件，如这笔钱只能用于三农建设，而不能流入房地产市场，就在发放前编辑程序写入数字货币中。由此，未来货币将变得越来越智能，越来越精准，可以更加有效地发挥货币服务经济发展的职能。

2. 银行：缩减银行服务成本和支付速度

区块链技术对于银行有很多好处，但最主要的有两个：成本和速度。成本方面，银行各业务系统与后台工作，往往面临长流程多环节，区块链去中心化技术为简化并自动化这些手工服务流程提供了可能。速度方面，以支付为例，通过区块链技术可绕过中间支付清算系统，实现点对点即时支付，大大缩短支付到账时间。

3. 证券：实现全球证券交易的一统化

传统的证券交易，需要经过中央结算机构、银行、证券公司和交易所这几大机构的有效协调，才能完成股票交易。而通过区块链进行证券交易，可使参与者在去中心化的交易平台上自由完成交易，且可实现 24 小时不中断运作；简便快捷，公信力强，无人可作弊，因为每一笔证券交易都公开透明，可追根溯源。

2015 年 7 月，美国纳斯达克交易所宣布启动区块链实验，试图将区块链技术应用到股票市场中。

2015 年 10 月，纳斯达克推出首个区块链证券交易平台。随着技术进一步成熟，基于区块链的证券交易市场不断做大，将打造一个真正意义上的全球证券交易所，使投资者可以全天候不间断地进行全球范围内的证券交易。

4. 保险：建立点对点的互助保险平台

保险的运作本质，是投保人投保之后，保险公司将资金归集形成资金池并进行有效投资。一旦被保险人发生保险事故，则保险公司将按照合约规定将赔付金给予被保险人。这种模型下的保险形式，管理成本很高，如身份识别、损失核算、理赔，需要很多人参与，费时费力。

基于区块链技术，可建立点对点的互助保险平台，一旦有人生病，参与者将直接缴纳费用给患病成员。资金的归集和分配将完全通过区块链技术来实现，公开透明，资金运用效率显著提高。在这种模式下，保险公司的作用就大大降低了，其角色将逐渐转变为专业的咨询公司。

5. 互联网金融：区块链是其终极形态

传统金融的应变不足，让互联网金融有机可乘。互联网金融让融资方和投资方无缝有效对接，大大提高了金融服务实体的效率。从本质上，互联网金融的大发展，应归功于去中心化的个体与个体的连接，而这正是区块链的本来之义。

野蛮发展之后，互联网金融步入到新的发展阶段，也面临着越来越多的挑战。应对挑战，最根本的还是遵从互联网的本质，通过技术帮助人类社会以更低的成本、更高的效率从事价值交换。业界人士认为，互联网金融的终极就是点对点、端对端、P2P 的金融服务。而这一终极形态的出现，将基于"区块链"这一颠覆性技术的发展及应用。因此，我们有理由相信，互联网金融的终极形态是区块链。

互联网金融发展至今，衍生出很多的商业形态，如第三方支付、理财、消费金融、供应链金融、保险、众筹、私募股权融资等，这些业务模式在某种程度上促进了金融服务个人消费者和企业客户的效率，但进一步优化和提升的空间依旧巨大。无论是支付、理财，还是供应链金融、众筹等，都存在通过区块链技术进一步降低服务成本与减少信息不对称的可能性。毫无疑问，互联网金融的下一站是金融科技，是区块链，是技术驱动下的更大程度的效率提升和成本降低。

　　未来已至,只是尚未流行。虽然区块链技术目前还处于早期理论阶段,但我们可以预见区块链可能给未来社会带来的巨大改变。乐观预计在不远的未来,区块链将可能作为互联网的底层基础设施,在金融相关的很多领域都表现出更为广阔的应用前景。

1.7　区块链发展现状

1.7.1　区块链创业公司

　　据 Blockchain Angels 披露,截至 2017 年 4 月末,全球共有 1 230 家区块链企业,而 2015 年 3 月,这一数字还仅为 425,两年的时间里公司数量暴增 189%。专注于各细分领域的区块链创业公司的迅猛发展,使得区块链生态体系逐渐趋于完善。

　　区块链金融服务领域应用公司全景图如图 1-24 所示。

　　《中国区块链产业发展白皮书》显示,中美两国区块链企业数量在经历 2013 年和 2014 年的大幅增加势头后,2015 年和 2016 年新增区块链企业数量逐渐减少(如图 1-25 所示)。可喜的是,中国后来居上,2016 年超越美国成为全球新增区块链企业数量最多的国家。

　　截至目前,我国以区块链技术及相关服务为主营业务的企业(不包含数字货币交易平台和挖矿等企业)共有 70 余家。从区域分布来看,创业企业主要集中在北京、上海、广东、浙江等东部发达地区,这些区域的企业数量占据全国区块链创业企业总数的 80%。

　　国内比较著名的区块链创业公司如表 1-5 所列。

图 1 – 24　区块链金融服务领域应用公司全景图

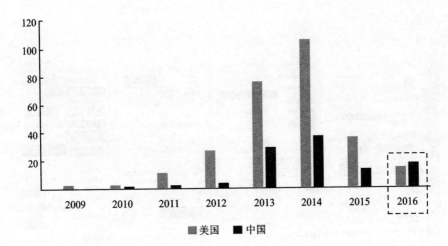

图 1－25　中美区块链企业数增长情况比较

表 1－5　国内区块链创业企业一览表

公司名	地　区	业务定位	业务范围
布比	北京	区块链基础设施服务平台	底层兼应用
布萌	北京	数字资产流通开发及服务商	应用/积分等
太一云	北京	区块链基础设施及解决方案提供商	底层兼应用
区块宝	北京	区块链解决方案提供商	底层兼应用
ASCH	北京	基于侧链去中心化应用开发平台	底层
OkLink	北京	基于区块链的跨境支付平台	应用/支付
网录科技	北京	区块链数字存证与资产发行平台	应用/存证、防伪
邻萌宝	北京	LBS 移动区块链数字货币	应用/数字货币
信和云	北京	区块链应用解决方案提供商	底层兼应用
数贝荷包	北京	积分应用开发商	应用/积分
融识科技	北京	去中心化资产管理系统	应用/资产管理
金股链	北京	区块链基础设施服务平台	底层兼应用
果仁宝	北京	具有投资属性的消费新平台	应用/数字货币
井通	北京	区块链服务及技术提供商	应用/积分

公司名	地 区	业务定位	业务范围
物链	北京	基于区块链的供应链管理平台	应用/供应链
金股链	北京	区块链股权登记转让服务提供商	应用/股权
瑞资链金融	北京	区块链资产证券化解决方案	应用/资产证券化
灵钛	北京	基于以太坊的解决方案提供商	应用
众享比特	北京	区块链底层技术研发公司	底层兼应用
天德信链	北京	区块链版权等行业解决方案提供商	底层兼应用
能链	北京	能源产品全流程操作平台	应用
梧桐树	北京	区块链底层技术研发公司	底层
PDX	北京	基于区块链的 Daap 平台	底层兼应用
魔链科技	北京	区块链数据存证	应用/存证、防伪
赛智区块链	北京	大数据区块链解决方案提供商	底层兼应用
神荼科技	北京	区块链数字资产安全解决方案提供商	应用/安全
房易信	北京	基于区块链的信息服务平台	应用/房产
万向区块链实验室	上海	区块链技术前沿研究机构	底层兼应用
Onchain	上海	区块链底层技术研发公司	底层
唯链	上海	区块链奢侈品防伪	应用/存证、防伪
维优	上海	区块链底层技术研发公司	底层
钜真金融	上海	金融基础设施服务运营商和分布式账本技术解决方案提供商	底层兼应用
精灵天下	上海	数字类内容版权认证平台	应用/存证、防伪
信砥区块链	上海	智能合约开发平台	应用
众安科技	上海	区块链技术输出平台	底层兼应用
朝夕网络	上海	智能合约智能资产解决方案提供商	底层兼应用
DECENT	上海	区块链数字内容发布开源协议	应用/去中心化内容
保全网	杭州	区块链数据保全平台	应用/存证、防伪

续表 1 - 5

公司名	地　区	业务定位	业务范围
乐跑圈	杭州	基于区块链的运动健身 APP	应用/数字货币
秘猿科技	杭州	区块链底层技术研发公司	底层
云象	杭州	联盟链服务平台	底层兼应用
复杂美	杭州	区块链交易服务平台	应用/区块链交易所等
趣链	杭州	区块链底层技术研发公司	底层

1.7.2　区块链风险投资

区块链自 2013 年在欧美受到关注以来,风险资本积极参与其中,各类型区块链公司及相关项目被竞相追捧。Coindesk 数据显示,2012—2016 年,全球范围内的区块链领域投融资金额增长了近 900 倍,由 2012 年的 200 万美元的投融资额增至 2016 年的 18 亿美元,如图 1 - 26 所示。从目前情况看,这一趋势在 2017 年将持续。

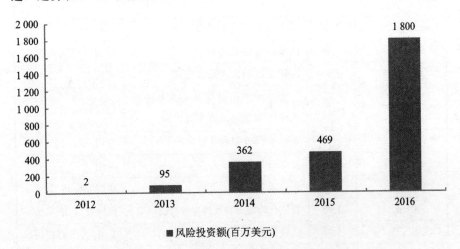

■风险投资额(百万美元)

图 1 - 26　区块链风险投资额迅猛增长

目前,已有超过200家公司获得了风险资本的青睐与注资。其中,Coinbase、Chain、Circle、Ripple、DAH、Blockstream无疑是其中的佼佼者,已获得数额巨大的多轮融资。Coinbase 四轮共融资 1.06 亿美元,Chain 三轮共融资 4 370 万美元,Ripple 七轮共融资 9 300 万美元。

2015 年全球十大区块链投资机构的投资标的见表 1 - 6。

表 1 - 6　2015 年全球十大区块链投资机构的投资标的

公　司	投资标的
Ripple Lab	数字支付公司
Coinbase	数字货币交易及钱包服务提供
21 Inc	比特币挖矿公司
TradeBlock	虚拟货币数据服务提供
OpenBazaar	去中心化商品交易市场
Circle	比特币银行
锐波科技	分布清算协议与区块链研发与应用
Blockstream	比特币侧链技术公司
Chain	区块链技术提供商
BlockScore	金融服务商,身份验证服务公司
Align Commerce	跨境支付
BlockCypher	区块链网络服务公司
Mirror	区块链智能合约
ShoCard	区块链身份解决方案
Blockchain	比特币钱包提供商
BTCChina	比特币交易所
巴比特	数字货币媒体
itBit	比特币交易所
Bitpay	商户付款处理器
Case	硬件钱包商
Gem	API 专家
Factom	区块链记账项目公司

参与区块链投资的企业类型繁多，既有 Andreessen Horowitz、IDG 等著名的风险投资基金，也有花旗、渣打、高盛、巴克莱等国际知名金融机构。各大机构纷纷加大在区块链领域的投资布局，以捕获区块链技术所带来的未来机遇。

在国内，也有一些机构在逐渐发力参与区块链领域的投资，以抢夺区块链技术下的领先行业地位，其中以万向区块链实验室、数贝投资、IDG 中国等为代表。从投资方向上看，区块链风险投资方向主要集中在智能合约、证券交易结算、身份证明、分布式记账、电子商务、数据 API 以及区块链基础设施等领域。

金融服务公司投资区块链初创公司进程见图 1 - 27。

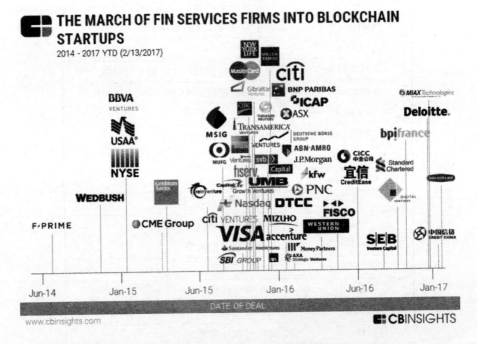

图 1 - 27　金融服务公司投资区块链初创公司进程

2015 年全球十大区块链投资机构如表 1 - 7 所列。

表 1 - 7　2015 年全球十大区块链投资机构

区　域	机　构	简　介
国内	万向区块链实验室	万向集团出资 5 000 万美元成立了区块链基金,用于在全球范围内投资区块链商业应用相关的各类项目。 参投项目:以太坊
	数贝投资	数贝投资基金总额为 6 亿元,是全球最大的区块链投资基金。该基金 1 亿为天使基金,用于孵化具有应用前景的区块链项目,以及提高区块链安全性的矿机芯片行业;5 亿为产业基金,投向有明晰商业模式的中后期区块链应用项目。 参投项目总额:1.8 亿元
	IDG 资本	IDG 主要看中区块链作为分布式总账的应用类投资。 参投项目:Ripple Labs、Koinify、Coinbase、Circle、币行、锐波科技、面兑
国外	Andressen Horowitz	投资过 Airbnb、Pinterest、Jawbone 等"独角兽公司",区块链领域总投资额大约 2.27 亿美元,约占比特币及区块链领域总投资额的 1/4。 参投项目:Ripple Labs、Coinbase、21Inc、TradeBlock、Open-Bazaar
	Khosia Ventures	被 TechCrunch 称为"巨无霸风投公司"。2015 年年末,Khosla 募集 4 亿美元用于种子期项目投资,其中部分资金将用于比特币及区块链领域。 参投项目:21 Inc、Blockstream、Chain、BlockScore
	AME Cloud Ventures	其早期创业基金由雅虎创始人杨致远创建,着重投资传感器、云计算和大数据等技术,欲在科技领域建立其投资影响力。 参投项目:BitPay、Blockstream、Ripple Labs、BlockCypher、ShoCard
	Lightspeed Venture Partners（光速创投）	成立于 2000 年,是一家全球领域的风险投资基金,重点关注美国、以色列和中国市场。虽然近年来已急速减缓了对技术投资的步伐,但其仍是比特币领域最早涉足的风投机构之一。 参投项目:Blockchain、BlockScore、Melotic,以及国内的 BTCChina 和巴比特

表 1-7

区　域	机　构	简　介
国外	RRE Ventures	自 1994 年成立以来已募集了 7 支基金,总额达 15 亿美元以上,是一家重点关注快速增长市场的风投公司。RRE 于 2013 年起便开始了在数字货币领域的投资。 参投项目:itBit、21 Inc、BitPay、Case、Gem、Ripple Labs、Mirror、Chain
	Kuala Innovations	2015 年 10 月以每股 1 美元的价格购买了 Factom 公司 3.64% 的股份,共计 40 万美元。目前 Factom 公司的估值为 1 100 万美元。 参投项目:Factom
	Boost VC	成立于 2013 年,一直是数字货币领域最活跃的投资者之一。Boost VC 曾经声明,到 2017 年年末 Boost VC 将投资 100 家比特币公司。 参投项目:Align Commerce、BlockCypher、BTCPoint、BitPagos、Reveal、Mirror

1.7.3　区块链产业链

从参与者来看,区块链产业链已形成如图 1-28 所示的三大层次,即基础设施和服务层,中间件和服务层,应用和解决方案层。其中:

■ 基础设施和服务层是区块链生态体系的底层机构和基础性协议,是基石;

■ 中间件和服务层聚焦为用户提供二次开发所需要的工具和协议;

■ 应用和解决方案层则面向终端用户,为客户提供各种基于区块链技术的商业应用。

图 1-29 中的数据显示,区块链创业公司多数为应用和解决方案层企

业,占比超过一半;其次是中间层与基础层,占比分别为 23% 与 12%。

区块链产业链上的典型公司见表 1-8。

```
┌──────────┐      ┌─────────────────────────────────┐
│          │      │众筹、微型支付、交易、担保服务、内容、交易所、│
│ 应用和解   ├───▶ │赏金、浏览器、治理和投票、有品牌的币、发信息、│
│ 决方案层   │      │金融服务、保险箱服务、地下市场、公司、赌博、会│
│          │      │计、自动提款机与查询一体机、借货、奖励、社交、│
└──────────┘      │慈善、Cause coin、文档验证、广告网络、点对点市│
                  │场、音乐、金钱服务、钱包、网状网络、商品、主│
                  │机、存储、电子商务、保健、银行卡            │
                  └─────────────────────────────────┘

┌──────────┐      ┌─────────────────────────────────┐
│ 中间件和   ├───▶ │验证、IT服务、支付与商家、应用程序接口、区块│
│ 服务层    │      │链服务、安全、身份与声誉、覆盖平台、金钱服务、│
└──────────┘      │交易服务、智能合约、挖矿服务                │
                  └─────────────────────────────────┘

┌──────────┐      ┌─────────────────────────────────┐
│ 基础设备和  ├───▶ │区块链、多重货币、加密货币、非区块链平台、支│
│ 服务层    │      │付、矿工与设备                           │
└──────────┘      └─────────────────────────────────┘
```

图 1-28　区块链产业链

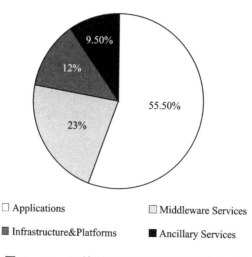

图 1-29　区块链创业公司所在细分领域

表1-8 区块链产业链上的典型公司

层 次	细分应用	典型公司	简 介
基建与平台层	多重货币	Ripple	跨境支付网络
	矿工与设备	BitFury	基础设施提供商,从事比特币矿机销售
	区块链开源程序	Hyperledger	区块链联盟,致力于打造跨产业的、开放的、分布式账本技术平台
	支付	BitPay	比特币领域的PayPal与支付宝,为收取比特币的商户提供支付解决方案
中间层服务	身份和信誉	Bitrated	比特币欺诈防御和消费者保护服务商
	IT服务	BlockCypher	多重签名API提供商
应用和解决方案	IOT	IBM Adept	利用比特币打造去中心化的物联网
	证明	Ascribe	区块链技术在艺术品领域的应用
	交易所	Maker/Dai	去中心化的债券发行与交易平台
	跨境金融	BitPesa	跨国汇款服务提供商
	钱包	Ledger Wallet	比特币硬件钱包
	P2P借贷	BTCJam	比特币P2P贷款服务
	安全存储	Elliptic	数字货币安全存储服务商
	媒体	CoinDesk	垂直比特币媒体
辅助服务	产业基金	万向区块链实验室	区块链投资基金
	协会	数字货币认证协会	数字货币行业标准制定者
	数据	Coinalytics	比特币界的Bloomberg

1.8　央行数字货币

在数字货币发行方面,我国央行已深耕数年。2014 年,央行成立发行法定数字货币的专门研究小组,论证发行法定数字货币的可行性;2015 年,央行发行数字货币的系列研究报告形成,原型方案完成两轮修订;2016 年 1 月,央行召开数字货币研讨会,进一步明确了央行发行数字货币的战略目标,争取早日推出央行发行的数字货币;2016 年 11 月,央行成立数字货币研究院。

从目前的信息看,我国央行的数字货币是区块链技术在法定货币实践中的有益探索。

1.8.1　货币演变史

纵观货币发展史,围绕成本递减、效率提升而变革是不变的主线。早期的实物货币,龟壳、海贝、蚌珠等充当了货币的职能。经济发展到一定程度,实物货币逐渐转化为金属货币,尤其是以黄金、白银为代表的贵金属。以黄金、白银作为一般等价物,是货币形态的巨大变化,但根本性的问题依旧没有解决,即交易成本尤其是携带成本很高。古人云,"腰缠十万贯,骑鹤下扬州",十万贯相当于 50～60 万斤,试想腰缠那么多钱,寸步都难行,更别说骑鹤了。再后来,人们逐渐发现,只要大家相互信任,即便不与具体金属货币挂钩,纸质货币的价值依旧会被认同,这就产生了国家主权货币,由政府统一制定并发行,以国家信用背书。

步入新世纪,互联网技术和金融科技的发展,催生了银联刷卡、微信支付等并成为消费付款的主流方式,尤其是移动支付便利的支付转账体验、宽广覆盖的场景应用,使"无现金"消费成为全民支付习惯。通过纸质货币进行价值交换的行为越来越少,而通过互联网进行价值交换的行为越来越多,货币逐渐电子化、无形化。除货币电子化之外,虚拟货币也大量产生。虚拟货币是非真实货币,应用于网络虚拟世界中,如腾讯的 Q 币、盛大的游戏币,这些虚拟货币可以购买相应的道具或者权益,如果网络中有人认可其价值,则也可兑换成现金。

货币发展到电子化时代,本已较为完美了,因为交易成本显著降低,效率提高,体验普及,但区块链技术的横空出世,又让聪明的人类开始思考,是否存在完全不依托纸质货币的纯数字货币,以解决纸币高昂的发行、储藏、损耗、打假和运送等成本?答案是存在!近年来,比特币、以太币、瑞波币、莱特币以燎原之势发展,正宣告着数字货币构想的可操作性,也引发着监管部门和民间机构进一步的研究和实践。

然而,数字货币研究至今,业界对其尚无统一公认的定义。欧洲银行业管理局(EBA)定义,"数字货币是价值的数字化表示,既非央行或公共当局发行,也不与法定货币挂钩,但它被自然人或法人接受,可以用作支付手段,也可以电子形式转移、存储或交易"。概括一下,上述定义认为,数字货币应具有非公共部门发行、不与法定货币挂钩、纯电子形式流通等基本特征。

综合来看,广义的数字货币应该是依托区块链等技术特征,由公共部门或私人部门发行、不与法定货币挂钩、而以纯电子形式流通的货币,典型的如比特币;狭义的数字货币是不突破现有监管实践,由央行主导和发行的依托区块链等技术特征的纯电子化货币,典型的如我国央行正在进行的数字货币研究和实践。在本质特征方面,数字货币是一种实实在在的货币,具有货币的基本属性,只不过形态虚拟,是一连串数字符号,交易流通都基于虚拟的网络环境中。

数字货币与电子货币相比,二者的最大区别在于数字货币无物理钞票的存在,它本身的数字就是财富的代表形式,而电子货币背后依托于对应的纸质货币,每一笔电子支付都对应一笔纸质货币流通;数字货币与虚拟货币相比,二者的最大区别在于应用场景,数字货币可用于真实的商品和服务交易,而不仅仅是网络游戏等虚拟空间。以上就是数字货币与其他形态货币的本质区别,也预示着数字货币将是货币形态的革命性变革。

1.8.2 广义与狭义数字货币模式之争

从定义来看,数字货币有广义和狭义之分。央行发行数字货币应该采用哪一种呢?对此,答案至今尚不明确,两种模式争议不断,其核心问题在于货币的发行权。广义数字货币的发行权不限于政府与央行,私人部门也可以发行。狭义数字货币的发行权限于政府与央行,其他部门无权发行。

广义数字货币支持者认为,发行权不应受央行控制,应完全点对点,以大幅提升效率,同时货币总量也应固定,以限制央行随意发行货币造成通货膨胀。狭义货币支持者认为,货币除了交易流通之外,还需要价值稳定,因此需要具有公信力的央行来背书,同时由央行来发行和管控,可以更好地保障货币安全。

为了使模式之争有一个较为明朗的答案,这里有必要再来分析一下广义数字货币的典型代表——比特币。比特币由复杂算法支撑,总量被预先限定为 2 100 万个,要获得比特币就得购买挖矿计算机,加班加点挖矿,通过付出辛勤劳动的方式来获得。可以简单假设比特币是一个方程,该方程有 2 100 万个解,每得到一个解,就可获得一个比特币。大量的解被发现,也就意味着大量的比特币被挖出。方程解到一定程度,将越来越难,获得比特币的机会也越来越低,比特币发行的速度就越来越缓慢。比特币是完全去中心化,没有中央银行,靠个体挖矿的方式,实现人人皆可发行货币。同时,比特币不会产生通胀,因为货币总数预先固定,永远不会增加。以上这些优点,使得比特币迅速走红,并获得了大量的支持者。

不过，"完美"也许是致命的缺陷，对于比特币亦如此。总量限制是其致命缺陷之一。为什么这么说？不妨来看一个小故事，克鲁格曼在1977年发表了题为《货币理论和大国会山托儿合作社危机》的经济学论文，其中描述了以下这样一个小故事：

"Sweeney夫妇参加了一个托儿合作社。托儿合作社的客户是150对在美国国会山上班的年轻夫妇。华盛顿特区总是有着灯红酒绿的社交生活，年轻夫妇们时不时想享受一下二人世界，因此有时不能照顾自己的子女。于是这些在美国政治中心工作的聪明人就想出了一个好主意：在参加托儿合作社的成员内部发行一种保姆券，每张券对应照看孩子一小时的服务。外出的家长把孩子交付他人照顾后，必须按对方照顾自己孩子的小时数支付相应张数的保姆券。保姆券发行数量是一定的，成员们可以通过在闲暇时间帮别人照顾小孩来赚取额外的保姆券，以备不时之需。这貌似是一种万无一失的制度，但是实际上，它运行了一段时间后几乎陷入崩溃。首先，当下闲暇时间比较多的夫妇开始利用这些时间努力为他人照顾小孩，多囤积一些保姆券，以便以后能更灵活地利用时间。由于保姆券的发行数量一定，因此那些持有保姆券数量不断减少的人也开始慌了，恐怕今后要外出，没人照看小孩，于是减少了外出的次数，也开始努力照看别人的小孩来赚取更多的保姆券。突然间，在没有新加入成员和没有新宝宝诞生的情况下，流通的保姆券越来越少了，流通券减少的结果就是保姆服务也越来越少。

这个故事很形象地说明了总量一定的货币存在内在通缩性，鼓励囤积居奇，致使无法满足日益增长的经济需要。

第二个致命缺陷是无中央发行方。比特币是完全去中心化的货币，其可购买披萨的根本原因在于全世界有一部分人愿意为其价值做信用背书。注意：这里是一部分人，而不是所有人。因此，如果愿意为比特币背书的人少了或者没有了，那其价值就不复存在。当一种新兴货币出现时，没有政府、央行或者其他组织为其背书，仅靠一些狂热的追逐者支持，这就形成了价值泡沫,随时都将面临泡沫破裂、价值跌到谷底的可能。同时,认同上例所说,总量限制的货币具有内在的通缩性,当比特币所代表的财富被不断聚集并被少部分人拥有时,作为普通大众,你还愿意为它背书么?显然不会。

因此,比特币的两大缺陷在某种程度上宣告了广义数字货币充当央行数字货币是不可行的,而更为可取的则是通过介入国家信用背书,由央行主导发行,实现更具可操作性的数字货币实践。

1.8.3 数字货币对银行业的影响

数字货币是对传统货币的颠覆性改革,对于以货币融通为主业的银行来说,势必也将产生较大的影响。不过,影响程度的大小取决于将采用何种数字货币模式。

目前,数字货币体系有两种模式可供选择,一是由中央银行直接面向公众发行数字货币,二是遵循传统的"中央银行——商业银行"二元模式。无论采用哪一种模式,与传统货币体系相比,央行的地位都不会得到任何削弱,反而会由于数字货币的可追踪、可编程等特性,使得央行的权利和影响力范围大大扩大。但对商业银行来说,模式选择至关重要。

若采用第一种模式,那么货币发行将打破传统方式,央行绕过商业银行,以数字货币形式直接对个人和企业进行货币供应,从而缩短央行与普通居民的距离。如此一来,商业银行的货币信用创造功能消失,在货币体系中的作用大为降低,放贷职能趋于边缘化。同时,货币存储于虚拟网络节点中,国民也不需要为了安全,在商业银行存大量货币了,从而存款数量也将大大减少。无存款、无贷款,那对于当前依靠存款利差获益的银行业来说,无疑是巨大的挑战。是否就可以由此论断大多数商业银行将要倒闭呢?这倒不一定,因为商业银行累积的稀缺的金融服务经验仍可以发挥作用。譬如,在数字货币中,个人直接放贷给其他个人或者企业,商业银行可介入,在风险识别、评估和定价方面提供专业咨询服务。因此，若商业银行在货币体系中不断边缘化，那么转型为纯粹的金融服务咨询机构或许是未来发展之策。

若采用第二种模式，即由中央银行将数字货币发行至商业银行业务库，商业银行受央行委托向公众提供法定数字货币存取等服务，并与中央银行一起维护法定数字货币发行、流通体系的正常运行。这是目前我国央行比较倾向于采用的模式。在这种模式下，商业银行的角色和现在差别不大，受影响程度较小。

总而言之，数字货币是金融科技快速发展的大环境下的产物，其产生对银行业是一种鞭策，促使银行业在降低交易成本、提升交易效率方面不断做出革命性的改变。对于当前我国的银行业来说，与其说是数字货币在变革传统银行，倒不如说是去中心化、分布式的以区块链为代表的"第四次工业革命"技术在催生各行各业的变革。因此，深度研究数字货币技术，并结合自身业务定位，探索业务改进和转型空间，提前应变以适应数字货币体系下的银行业发展，或许是更为可取的应对之策。

第 2 章

区块链基础架构[*]

本章主要讲解区块链基础架构的相关知识，尽管世界上已经存在了上千种区块链，但其基本架构具有普遍的共性。从交易构造特点来说，主要分成了 UTXO 模式和账户模式两个大类，其典型代表是比特币（Bitcoin）和以太坊（Ethereum）。为了方便初学者理解，本章的例子使用这两种区块链进行讲解，结合一些实际操作，以加深读者的感性理解和理性理解。

提示：比特币和以太坊为高风险项目，本章仅作技术分析，并非投资推荐，请读者注意！

2.1　区块链架构综述

源于比特币社区的区块链技术，不仅为金融机构所重视，也逐渐为世界主要经济体及重要的国际组织所关注，在经历了以比特币应用为代表的区块链 1.0 时代，目前已经进入了以智能合约为标志的区块链 2.0 时代。区块链 1.0 实现了去中心化、数据透明、不可篡改、集体维护、永久运行等典型特点，而区块链 2.0 在区块链 1.0 的基础上实现了智能合约的应用以及多方面的优化，其典型代表是以太坊（Ethereum）和超级账本（Hyperledger），二者分别代表了区块链的两个重要发展方向：应用于公众的公有链和应用于企业的联盟链。

2.1.1　区块链的分类与特性

公有链架构主要基于完全开放的共识节点进行搭建,其共识节点的加入和退出是完全自由的;联盟链主要基于可控共识节点的架构,所有共识节点是由联盟组织审批才能加入,而应用节点则一般不受限制,可以自由地调用共识节点提供的服务;私有链主要基于拜占庭算法的架构,其共识节点和应用节点均被同一组织所控制。

公有链是指对所有人开放,任何人都可以参与的区块链;联盟链是被多个组织构成的联盟控制,进入和退出需要授权的区块链;私有链是完全被单独的个人或某个组织控制的区块链。公有链不适合大部分企业应用场景,未来企业应用的重点是联盟链,但现阶段关注的重点是公有链,公有链是区块链技术的试验田,会遇到各种复杂的情况和问题,是对新技术和新业务的测试,可对企业应用提供很好的借鉴。

区块链的去中心化、安全、高效这三个特性如图 2-1 所示。它们符合蒙代尔"不可能三角"关系,即不可能同时满足三个条件,因此在技术发展方向

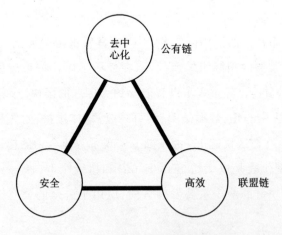

图 2-1　区块链的"不可能三角"

上,公有链和联盟链有了很大的不同。公有链实现了完全的去中心化和安全,因此在性能上做出了妥协,交易速度很慢,联盟链为了企业应用,提高了性能和安全,就不得不在去中心化上进行妥协,通过一个中心化的授权方式来管理节点,实现了半中心化。在应用区块链技术时,要根据具体业务场景和需求来确定使用公有链还是联盟链。

2.1.2 区块链与麻将

区块链技术不像纳米技术、量子技术等新生类技术,它本质上是多种现有技术的有机组合。当然随着区块链技术以及去中心化互联网的深入发展,会从区块链中诞生全新的技术,但就目前来说,一个最小的区块链架构运行原理可以通过一桌麻将展示出来。甚至可以说,我国勤劳勇敢的人民自古以来就在应用区块链技术,只不过现在通过程序代码实现了。

麻将是我国人民喜闻乐见的一种娱乐形式,也是一种博彩活动,其很好地体现了去中心化的思想。一般来说,博彩是需要在赌场进行的,参与人员通过赌场换取筹码,有专门的赌场工作人员负责发牌和清算胜负,赌场为整个过程的公平和公正做保证,而麻将不需要赌场的介入和信用背书,通过一套类似区块链的机制来实现了去掉赌场这个中心机构,因此理解了麻将游戏规则,基本上就理解了区块链的架构原理。

下面我们对照区块链的特性来详细讲解。

1. 区块链节点与 P2P 网络

麻将的四位参与人员可以看作四个区块链节点,这也是区块链网络的最低要求。这四个节点之间没有主从关系,是完全对等的,组成了区块链的 P2P 网络。其中每个人都有自己的权利,但单个人不能左右整个麻将的运行。

2. 分布式存储与无法篡改

麻将的四位参与者每人心中都记录着每次胜负的账目,根据账目来支付和获取输赢的筹码,当某一个人试图少付或多拿的时候,其余三个人会进行检查并拒绝。可以这么说,每个人都完整备份了整个牌局一整套的应付和已付账本,防止任何人提出错误的支付要求,这个就是区块链的分布式存储。区块链通过每个节点存储所有的交易记录,当某些节点试图恶意篡改数据来获利时,其他节点根据自己存储的账本来对其进行校验,拒绝篡改的数据。

3. 数据加密与公开透明

麻将使用的筹码一般都是做了特殊标记的,用来防止参与者自己创造筹码来伪造账目,同时也可以鉴定别人支付的筹码是否是真正的筹码。每一轮麻将结束的时候,所有账目的支付都是公开透明的,从而有效保证每个人的账目不会算错。在区块链中使用非对称加密对个人拥有的数字资产进行加密,原理上是一样的,而所有的交易和账户余额全网公开透明,也是为了保证恶意节点无法伪造数字资产。

4. 共识算法与挖矿

很多人不理解区块链为什么要挖矿,怎么挖矿。从本质上来说,挖矿是节点间达成共识的一种方法,每个节点都同时计算同一道数学难题,看谁先算出来,谁就能够获得奖励,同时有权利验证并发布一个区块,这道数学难题本身是没有意义的,只是为了考验谁先算出来。在麻将中,每个人其实也是通过不停地摸牌、换牌来使手中的牌达成一个指定的规律,谁先符合了赢牌规定,谁就有权利获得奖励,虽然数学难度不大,但这种按照规则打牌的过程就是挖矿,而大家都认可的赢牌规则就是共识算法。

5. 区块与区块链

麻将中每进行一局,参与者就会进行一次转账的行为,所以记账是按局来的,有着比较固定的时间间隔,在两局之间没有任何交易记录。每一局互相连接起来,就像一条链一样,参与者能追溯某某局的输赢情况。与此类似,区块链的数据存储就是以挖矿成功的时间来生成区块,每当有一个矿工成功计算出数学难题的结果,就生成一个区块,这个区块记录了从上个区块到这个区块时间段内所有的交易记录,然后每个区块根据时间依次连接,就形成了区块链。

从上面的对比可以看出,区块链的架构并不神秘。它像麻将一样,是一套严密科学的运行体系,体现了节点之间的博弈关系。因此它也并不完美,所谓的安全、不可篡改都是相对的,只是成本比较高而已,就像打麻将,如果3个人联合起来作弊,第 4 个人肯定要吃亏。

2.1.3 区块链基础架构

一般来说,一个最小的区块链采用五层架构。由于区块链 2.0 相对于区块链 1.0 来说,其架构并没有发生本质的变化,变化的只是功能的增加和系统的优化,因此我们直接采用区块链 2.0 的架构来进行说明,从下到上分别是数据层、网络层、共识层、激励层、智能合约层,如图 2 - 2 所示。

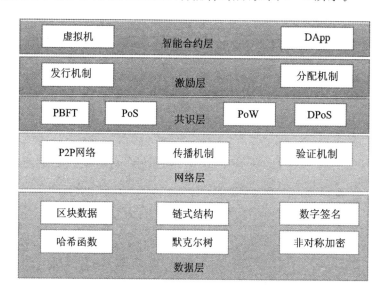

图 2 - 2 区块链五层技术架构

需要注意的是,图2-2所示为区块链五层技术架构的一种基本架构,也有些人认为智能合约层之上应该是应用层,在这里笔者习惯于将应用层与智能合约层合并为一体,并不影响读者理解。

2.1.4 密码学基础

由于区块链非常依赖于密码学,因此后续章节在描述区块链各个特性的时候,将会用到很多的专业术语。为方便读者阅读,下面先简单介绍一下相关知识。本书定位于区块链的应用,因此不对密码学的细节进行深入探讨,仅重点关注其输入和输出的特性以及如何在实际中应用。

1. 哈希算法与哈希值

哈希算法英文名称SHA,是由美国国家安全局(NSA)设计发布的一系列密码散列函数,经历了SHA-0,SHA-1,SHA-2,SHA-3系列发展。哈希值英文名称为Hash,有的翻译为“散列”,有的音译为“哈希”,就是把任意长度的数据输入,通过哈希算法,变换成固定长度的输出,该输出就是哈希值。常用的哈希函数有SHA256(比特币用,属于SHA-2系列)、Kec-cak256(以太坊用,属于SHA 3系列)等。

哈希函数有以下三个重要的特性:

① 压缩性。

② 唯一性。

③ 不可逆。

压缩性是指这种转换是一种压缩映射,输出的哈希值的空间通常远小于输入的空间,简单来说就是一种将任意长度的消息压缩到某一固定长度的消息摘要的函数。比如:一个word文档无论是20 MB还是30 MB,采用SHA256运算后,均会输出一个256字节的哈希值,类似如下的格式:ff3f4036a1164d1ddbad5b3edf9022addb3e1961a54a922708a6c1ffc49e5489。

唯一性是指从理论上,任意文件的哈希值是唯一的,如果对该文件进行了任何内容的修改,则其哈希值必然不同。需要注意的是,这种哈希值的唯一性并不是绝对的,只是目前理论上的证明而已,随着密码学的发展,不断有算法被破解,比如 MD5 算法已经被证明在不同的文件内容下可以输出同一个 MD5 值。

不可逆是指对数据进行哈希计算是一个单向的过程,无法从哈希值反推出原数据。

2. 非对称加密

对称加密算法在加密和解密时使用的是同一个密钥,而非对称加密算法需要两个密钥来分别进行加密和解密。这两个密钥是公开密钥(public key,简称公钥)和私有密钥(private key,简称私钥)。

公钥和私钥是一对,如果用公钥对数据进行加密,那么只有用对应的私钥才能解密;如果用私钥对数据进行加密,那么只有用对应的公钥才能解密。比如比特币采用椭圆曲线算法(ECC)生成公钥和私钥,选择的是 secp256k1 曲线。

3. 数字签名

数字签名(又称公钥数字签名、电子签章)的原理是将摘要信息用发送者的私钥加密,与原文一起传送给接收者。接收者只有用发送者的公钥才能解密被加密的摘要信息,然后用 Hash 函数对收到的原文产生一个摘要信息,与解密的摘要信息对比。如果相同,则说明收到的信息是完整的,在传输过程中没有被修改,并且信息是由私钥拥有者发出的,否则说明信息被修改过,因此数字签名能够验证信息的完整性。

数字签名是个加密的过程,数字签名验证是个解密的过程,其原理如图 2 - 3 所示。

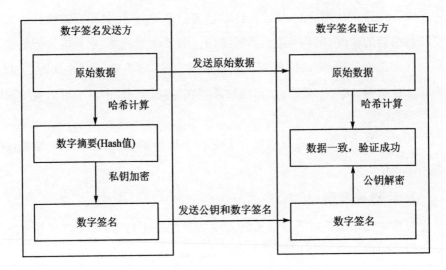

图 2 - 3   数字签名加密和解密过程

2.2   数据层

数据层为区块链五层架构中的最底层,是一切的基础,它主要实现了两个功能:一个是相关数据的存储,另一个是账户和交易的实现与安全。数据存储主要基于默克尔(Merkle)树,通过区块的方式和链式结构实现,大多以KV 数据库的方式实现持久化,比如以太坊采用 leveldb 数据库。账号和交易的实现基于数字签名、哈希函数和非对称加密技术等多种密码学算法和技术,保证了交易在去中心化的情况下能够安全进行。

2.2.1   区块和区块链

区块是区块链数据存储最小的一个单元。一个区块可以看作一个数据包,由两大部分构成,区块头和区块内容。图2-4所示为区块链示意图。

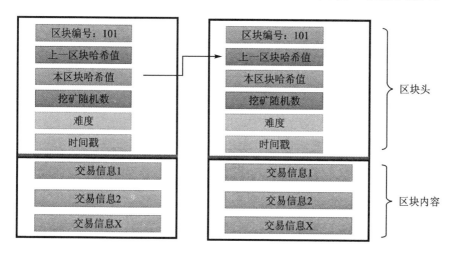

图2-4 区块链示意图

区块头可以看作这个区块的内容摘要,包含有当前的区块编号、上一个区块的哈希值、本区块的哈希值、挖矿随机数、当前区块难度、时间戳等信息。区块内容包含着零个或多个交易。除了初始的"创世区块"以外,每个区块都包含上一个区块的哈希值,因此通过哈希值的前后相连,每一个区块按照时间顺序依次与前一个区块相链接,全部集合被称为区块链。区块链不仅包含了整个网络的当前所有的状态,还包含了全部交易历史。注意有些基于区块链的加密货币使用"总账"这个词语来代替区块链。这二者的意思大致相同。

创世区块:是指区块链第一个区块,该区块包含了整条链的初始信息,不是由矿工发布的,而是由开发人员手工配置的。

挖矿随机数和难度是工作量证明(PoW)的专用名词,将在2.4节进行详细说明。

时间戳是一串数字,来表明当前区块链生成的时间,这个数字实际上是以1970年1月1日(00:00:00 GMT)为起点,到当前时刻所有秒数的累加。

区块头一般是固定的大小,但是区块内部包含的交易数量是随机的,因此不同区块链出于各种考虑会对区块大小进行限制,比如比特币限制区块不能超过 1 MB,以太坊会通过矿工市场化的动态平衡来自主决定一个区块的大小上限。

注意:基于各种考虑,实际上在区块头里面会有更多的信息,比如 Size、Sha3Uncles、Gas Limit 等等,本小节注重于阐述原理和区块链应用,对一些技术细节进行了简单处理。

思 考

① 为什么要使用区块这种存储方式?

区块链网络是一个开放的网络,因此节点的加入和退出都是随机和自由的,当一个新的节点加入区块链网络时,为达成共识,它必须验证从网络创建时起所有交易的密码学可靠性,因此需要采用区块的方式存储所有的历史记录。如果说现有的分布式数据库实现的是空间轴的扩展,而区块链实现的是时间轴的扩展。

② 随着时间的增长,区块数据不停增长,以后数据量太大了怎么办?

因为区块链是记录所有的历史数据的,因此存在不停增长的问题,目前业界提出了多种解决方法:

一是采用简捷支付验证(SPV)模式。在比特币的原始论文中详述了SPV 模式,即节点只在同步过程下载区块头,并根据需要从完整节点中下载部分交易历史。不管总区块的大小是多少,由于比特币的区块头固定为80 字节,所以一年的总增长是 4.2 MB,数量非常小。

二是依赖存储技术和网络带宽等互联网技术的快速发展。目前比特币的区块数据为 160 GB,对于目前的企业服务器来说,这个数据量其实非常小。随着未来存储成本的不断降低和带宽的不断增加,以及未来的大数据技术等新兴技术的发展,可以满足区块数据不断增长的要求。

三是采用分布式存储技术。目前以太坊提出了 Swarm 方案,可以将区块数据分布存储于不同的节点中,同时保持足够可用的数据备份存储。这样就可以每个节点只存储一部分数据,从而大大降低了数据存储的要求。

2.2.2 用户地址和钱包

用户地址又叫用户账号,是一个由数字和字母组成的字符串,其本质是用户的公钥。平常所说的一笔数字货币转到用户地址,本质上是用该用户的公钥对这笔数字货币进行了标记,来证明其属于该用户。用户地址来源于公钥,但并不是公钥。以比特币为例,用户地址生成方式如图 2-5 所示。

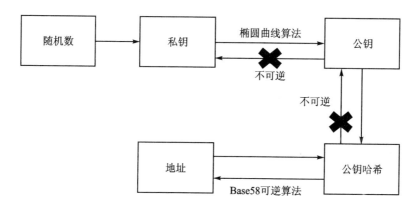

图 2-5 用户地址生成示意图

系统首先通过产生一个随机数来产生用户的私钥,然后通过不可逆算法产生唯一对应的公钥,再对公钥进行两次哈希运算,最后通过 BASE58 算法计算用户地址。

钱包是指用户与区块链交互的客户端,可以为用户提供管理资金和智能合约的图形化界面,同时也负责管理用户的私钥。与传统意义的钱包不同,区块链钱包只包含用户私钥而不是数字货币。用户的钱包可以包含多个私钥,对应多个地址,用户用这些私钥来签名交易,从而证明其拥有区块链上数字资产的所有权。例如:以太坊的钱包界面如图 2-6 所示。

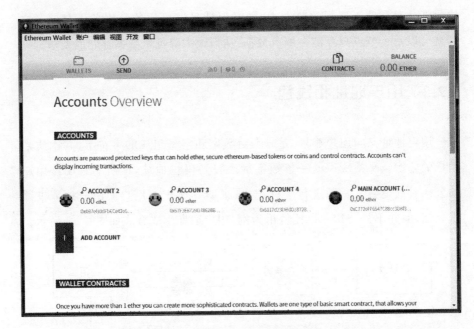

图 2-6 以太坊的钱包界面

用户的私钥以文件的形式默认保存在"C:\Users\用户\AppData\Roaming\Ethereum"目录下。图 2-7 所示为以太坊的四个私钥文件,这些私钥文件是被加密存储的,类似于 winrar 对文件的加密,当用户需要一笔转账时,系统会弹出输入密码的提示信息,这个密码即为私钥文件的保护密码。

UTC--2016-06-13T11-48-37.469265600Z--c772eff6547c88cc3d8f3f2495b43e55abf7f50d
UTC--2016-06-20T09-45-38.709562000Z--4b7ef10dfbece42e55160eec8a83a6dd86467fe7
UTC--2016-08-08T13-24-03.620733400Z--67f3e6729d78628bdbdb081325541827238db067
UTC--2016-08-10T22-48-13.408960100Z--6117d23dbdd187288bb3bde1ebd9e9a67b4fb126

图 2-7 以太坊私钥存放示意

思　考

① 为什么比特币不直接用公钥当作用户的地址?

首先公钥是 256 位的,用户非常难于记忆。其次直接暴露公钥,就大大

78

增加了被破解的可能性,黑客可以暴力破解用户私钥,而采用公钥哈希值之后,黑客无法从哈希值获取用户公钥,就没有办法暴力破解。理论上,量子计算机可以破解公钥和私钥,但无法通过哈希值反向计算公钥,因此这种方法理论上可以对抗量子计算机。最后通过算法对公钥进行压缩形成地址,可以在全球用户数量大量增加的情况下,极大地降低内存数据存储空间。

② 为什么比特币要用 Base58 编码?

Base58 编码,是基于 58 个字母和数字作为取数基础的编码算法,可以将任何信息转换为可视字符串。其取数基(ALPHABET)如下:

ALPHABET = "123456789ABCDEFGHJKLMNPQRSTUVWXYZabcdefghijkmnopqrstuvwxyz"

注意:少了数字 0,大写字母 I,大写字母 O,小写字母 l。

因为没有容易混淆的字母和数字,Base58 编码结果非常方便阅读,同时可以有效验证编码是否为合法的比特币地址。

2.2.3 默克尔树

默克尔树(Merkle tree)是一种二叉树数据结构,它会存储每笔交易的哈希值。这个树的建立是通过从每个节点开始,将每两个节点进行分组,然后依次对每组进行哈希值计算,在下一级对哈希结果继续进行哈希计算,直到整个树有一个最后的根哈希。

举个例子,一个五层的交易记录默克尔树如图 2 - 8 所示。

该树具有重要的特性:只有正好一个可能的完整树,每个数据集对应唯一一个根哈希;很容易更新,添加,或者删除树节点,以及生成新的根哈希值;不改变根哈希的话就没有办法修改树的任何部分,所以如果根哈希被包括在签名的文档或有效区块中的话,签名或区块可以担保整个树不被篡改。

当然并不是所有的区块链都使用默克尔树,比如以太坊采用默克尔树

```
        ABCDEEEE（Hash）   ……默克尔树根
        ／            ＼
  ABCD（Hash）    EEEE（Hash）
   ／  ＼        ／
  AB   CD    EE  ……只有E的交易，则自己组合，组合后再计算哈希值
 ／ ＼ ／ ＼ ／
 A B C D E  ……ABCDE五笔交易
```

图 2－8　默克尔树示意图

的改进——帕特里夏树进行数据处理，其原理是一样的。

思　考

为什么区块链大多采用默克尔树结构？

区块链大多采用默克尔树结构，主要有以下两个原因：

一是默克尔树支持快速交易验证。任何人只需要提供一个特定节点的分支，就可以快速证明拥有指定内容的交易的确是在树里。比如要验证交易 D，不需要下载全树的数据，只需要下载 ABCDEEEE（Hash）、ABCD（Hash）、CD（Hash）、C 这四笔数据即可。随着区块链数据的不断膨胀，手机等轻客户端无法支撑其全量数据的下载，基于默克尔树的快速验证功能，可以保证交易数据的可信，使得移动设备一样可以使用区块链。

二是默克尔树可以通过根哈希确保整个树的数据不被篡改。因为每个区块的存储空间极为有限，因此存储所有的原始数据是不可能的。通过默克尔树技术，只需要在区块头部存储所有交易形成的默克尔树的根哈希，就可以确保本区块内任何交易没有被篡改过，大大节省了空间，比如以太坊通过改进的默克尔树存储交易回执、账户状态等多种信息。

2.2.4　交　易

交易是区块链系统中最重要的部分，根据设计原理，区块链系统中任何其他部分都是为了确保交易可以被生成、传播和验证，并最终添加入区块链

中。交易的本质是精心构造的数据包,这些数据包中含有数字资产价值转移的相关信息。

目前有两大主要的模式:一类是 UTXO 模式,典型代表为比特币;另一类是账户模式,典型代表是以太坊。两种交易模式有着各自的特点,账户模式普遍应用于区块链 2.0 时代,对智能合约的支持非常有效,UTXO 模式普遍应用于区块链 1.0 时代,具有节省资源、匿名性强、系统稳定等特点。

不论采用哪种交易模式,其交易的流程都是一样的,具体如下:

① 发送者构造一笔交易,其中包含接收者的地址、要转移的数字资产价值、发送者的签名等信息。

② 发送者将该笔交易通过自己的节点广播至全网所有节点。

③ 全网中的验证节点将交易数据进行验证并存储在内存中。

④ 验证节点对所有收集到的数据进行预打包,形成区块并广播至全网。

⑤ 全网所有的验证节点都对预生成的区块进行校验,确认没有问题之后,存储在现有区块链上。

⑥ 经过若干块确认后,此交易永久地写入区块链中。

在实际应用中,数字资产交易要面临纸质现金不会面对的两个问题:"双花"问题和重放攻击。

1. "双花"问题

"双花"问题(double spend)又称双重支付,是指数字资产由于其数字特性,是可以被无限制复制的,其拥有者有可能对持有的数字资产复制后发送给不同的接收者,形成双重支付。

在区块链技术出现之前,如果没有中心化的管理机构,人们就没有办法确认一笔数字资产是否已经被花掉。因此,交易必须通过一个可以信赖的第三方来完成,交易中介保留所有交易总账,交易后实时修改用户账户的余额来保证每笔数字资产只会被花掉一次,整个货币系统的信用价值完全由交易中介来保证。

2. 重放攻击

重放攻击(replay attacks)又称重播攻击、回放攻击或新鲜性攻击(freshness attacks),是指攻击者发送一个目的主机已接收并验证成功的数据包,来达到欺骗系统的目的,主要用于窃取用户的数字货币。攻击过程是这样的:假设熊大要向熊二发送1比特币,故按照正常的操作发送了一笔转账交易;由于区块链的交易数据要向全网广播,攻击者光头强利用网络监听,获取了熊大发送熊二的交易数据包,等该笔交易成功后之后,光头强再次将这笔交易数据重新发送给全网;由于熊大向熊二的交易数据里面包含熊大的真实签名,那么光头强重新广播该交易数据,其他节点从密码学角度是可以验证通过的,即其他节点会认为这笔交易真的是熊大发起的;如果光头强攻击成功,那么熊大将向熊二再次发送1比特币,如此反复,直到熊大没有比特币可发送了为止。

不同模式处理以上攻击的方法不同,后面将分别介绍 UTXO 模式和账户模式如何处理"双花"问题和重放攻击。

2.2.5　交易构造——UTXO 模式

UTXO 模式是比特币所创造的一种交易模式。UTXO(Unspent Transaction Outputs)全称是未花费交易输出。我们可以把 UTXO 理解成是一个单位,每个 UTXO 中都存储了一定量的比特币可供花费。UTXO 交易示意图见图 2-9。

每个 UTXO 都是一个不能再次分割的储值单元,包含了面值、拥有者的地址,以及上一位拥有者的签名和公钥。尽管 UTXO 可以是任意值,但只要它被创造出来了,就像不能被切成两半的硬币一样不可再分了。最初始的 UTXO 都是区块链挖矿发给矿工的奖励,然后矿工在后续的交易中将其花费出去,再产生新的 UTXO。

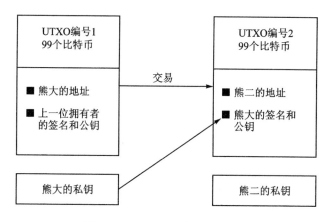

图 2 - 9 UTXO 交易示意图

以图 2 - 9 所示的交易为例,假设熊大要转 99 个比特币给熊二。交易并不是熊大从自己的账户里减 99 个比特币,同时给熊二的账户增加 99 个比特币,因为在 UTXO 模式中没有账户的概念。实际情况是,熊大会先看看自己有没有一个 99 比特币面值的 UTXO,如果恰好有一个,那么熊大先将 1 号 UTXO 发送给交易处理脚本作为输入,系统销毁 1 号 UTXO 的同时,新建一个 2 号 UTXO 作为输出,拥有者地址为熊二的地址。同时熊大会用自己的私钥在 2 号 UTXO 上进行签名,并附上自己的公钥,来让其他节点验证交易的真实性。所有的节点都会收到这笔交易状态的变化,节点会利用熊大提供的公钥和 1 号 UTXO 上的熊大地址,通过签名验证算法去验证 2 号 UTXO 是不是熊大的签名。如果验证成功,那么 1 号 UTXO 作废,2 号 UTXO 生成,并写入区块,完成价值的转移。

实际情况会更复杂一些,一个是每笔转账要付给矿工费用,另一个是熊大很可能没有正好 99 比特币面值的 UTXO。假设熊大有两个 UTXO,一个是 50 个比特币 UTXO,另一个是 60 个比特币 UTXO,矿工转账手续费为 1 个比特币,那么实际这笔交易的情况如图 2 - 10 所示。在 UTXO 模式的交易中,交易输入是多个 UTXO,而交易输出也是多个 UTXO,对于单个 UTXO 金额无法满足的交易,熊大必须使用多个 UTXO 合并成 110 个比特

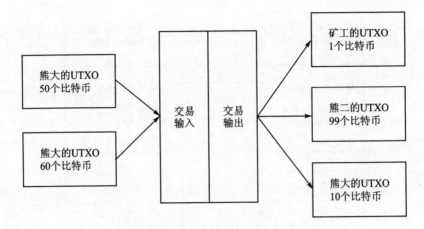

图 2-10 多输入多输出交易示意图

币作为交易的输入,同时在支付了矿工费用和熊二的比特币后,又将剩余金额 10 个比特币创造了一个新的 UTXO 作为自己的找零,而原先输入的 2 个 UTXO 都会作废。

以上演示了 UTXO 模式下的一次标准交易的情况。可以看到,UTXO 模式和我们所理解的账号模式有着极大的不同,用户钱包中显示的比特币余额不是一个数字,而是若干个不同面额的 UTXO,就像零钱一样。在区块链系统中,这些 UTXO 独立存在着,钱包软件只是把这些 UTXO 的总余额合并显示给用户。每个 UTXO 不能拆分使用,只能作为交易输入整体作废,交易通过将没有用完的比特币重新生成 UTXO 来实现找零的功能。

所有的交易通过区块记录在了区块链上,其所产生的所有 UTXO,都是可以追溯的。上面所演示的,是一次比特币的校准交易。比特币还支持多种交易模式,如下:

P2PKH(Pay-to-Public-Key-Hash):公钥哈希交易,就是前面例子所演示的最常见交易,用于把金额发至一个或多个比特币地址。之所以称之为 Pay-to-Public-Key-Hash,是因为比特币地址都是由公钥进行哈希运算而来的。

P2PK(Pay – to – Public – Key):公钥交易,是 P2PKH 交易的简化版本,本质是将比特币直接发送到公钥地址,因为不安全,故不常用。

P2SH(Pay – to – Script – Hash):脚本哈希交易,原理就是将比特币不是直接支付给某个比特币地址,而是支付给某个脚本的哈希值。这样交易就有了丰富的扩展性,比特币交易中实际上支持有限能力的脚本,但不是图灵完备的。此类交易最常见的用法是用来实现多重签名的交易,比如比特币被支付到某个被称为"n 中选 m 个"的多重签名脚本里,m 是需要匹配某个公钥的最少的签名个数,n 是提供的公钥个数。只有满足足够多的签名后,该笔交易才会支付给指定地址。

币基交易(coinbase transactions):矿工支付交易,此类交易只存在于区块链支付矿工奖励的情况,属于标准交易 P2PKH 的简化版,只有输出,没有输入。

注意:在代码层面,比特币交易要比前面所描述的情况更复杂,为了方便读者理解,这里进行了一定程度的总结和简化。

思　考

① UTXO 模式如何处理"双花"问题和重放攻击?

对于"双花"问题,由于每个 UTXO 在使用之后都要销毁,同时交易的数据和 UTXO 的状态全网广播并同步更新,故在比特币的节点内存中,存储着目前全网所有的 UTXO 集合。如果某个节点试图将同一个 UTXO 使用两次,那么该笔交易所使用的 UTXO 无法在其他节点存储的 UTXO 集合中找到,无法通过验证的 UTXO 会被其他节点认为是一笔伪造的交易而拒绝。

对于重放攻击,由于每个 UTXO 都是独一无二的,因此具有天然抵抗重放交易的特性。在一笔交易完成之后,攻击者即使发起重放攻击,试图广播全网再次重放该笔交易,因其交易中作为输入的 UTXO 已经在上次交易中被销毁,故使得交易不会被执行。

② 使用 UTXO 比通常所理解的账号有哪些好处?

一是节省空间。UTXO 是有最小单位的。在比特币中,1 比特币最小的可分裂单位为 1 聪,1 比特币等于 1 亿聪,因此 UTXO 的最小面值是 1 聪,其总量上限是 2 100 万个比特币都以 1 聪面值的 UTXO 存储。即使在这种极端情况下,UTXO 的总量也是一定的,节点对其需要的存储资源有明确和清晰的预期。如果采用账户模式,则随着使用人数的增加,经过历史数据的不停累计,理论上账户数量没有上限,节点难以预估其存储资源的消耗。

二是不怕垃圾信息攻击。由于区块链是开放的,故全世界的人可以不停地创建账户,如果采用账户模式,则恶意用户可以通过在短时间内大量创造垃圾账户的方法,造成节点因为存储量过大而崩溃,进而导致网络瘫痪。采用账户模式的以太坊就曾经遭到此类攻击,最后以太坊紧急提高了账户创建成本,才阻止了攻击,后期还专门开发了一个账户清理智能合约来清理垃圾账户,以释放存储空间。

三是支持交易的并行验证。所有的 UTXO 之间都是没有关联的,基于 UTXO 的交易可以并行验证且任意排序,这对提高区块链的交易处理速度和扩展性有很大的帮助。而账户模式可能涉及多个账户之间状态的时间先后变化,关联度较高,因此只能顺序执行交易验证。

2.2.6 交易构造——账户模式

账户模式是支持智能合约的区块链所经常用的模式,其设计非常符合用户的直观感受,即每个账户都有一个状态,状态中直接记录了账户当前的余额等多种信息。转账的逻辑是从一个账户中减去一部分金额,并在另一个账户中加上相应的金额,减去的部分和加上的部分必须相等。以以太坊为例来说明,一个标准的以太坊账户存储了如下 4 种状态:

随机数(nonce):该状态表示这个账户发送的交易数或者由这个账户创

造的智能合约的数量。

余额(balance):该状态表示这个账户所拥有的以太币的总量。

存储根(storageRoot):该状态是以太坊所使用的改进默克尔树的根哈希。这个账户下所有存储内容形成了一个改进默克尔树结构,其根哈希的值即为 storageRoot。

代码哈希值(codeHash):该状态表示这个地址对应的智能合约代码的哈希值。当一个地址调用某个智能合约时,该智能合约的代码就会生成一个哈希值作为该地址的 codeHash 状态。这个状态在运行智能合约的时候是不可变的,如果某节点的 codeHash 和其他节点的同一账户的 codeHash 不一样,那么区块链会认为该节点运行的智能合约代码被篡改过,其运行结果也不会被其他节点承认。

一个典型的账户模式下的交易数据如图 2－11 所示。

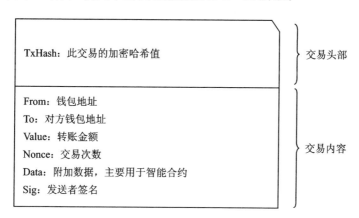

图 2－11　账户模式下的交易数据

如图 2－11 所示,交易数据分为交易头部和交易内容,交易头部是交易内容的哈希值。交易内容包括以下 6 个字段:

From 字段:为发送者的钱包地址;

To 字段:为要发送到对方的钱包地址;

Value 字段:为要转账的金额;

Nonce 字段：为发送者当前的交易次数，用来防止重放攻击；

Data 字段：为交易的附加数据（这点是账户模式和 UTXO 模式最大的不同，智能合约通过该字段实现调用）；

Sig 字段：发送者的数字签名，用于全网节点对交易进行验证。

假设熊大要向熊二转账 10 个以太币，那么实际上的交易状态转换如图 2 - 12 所示。

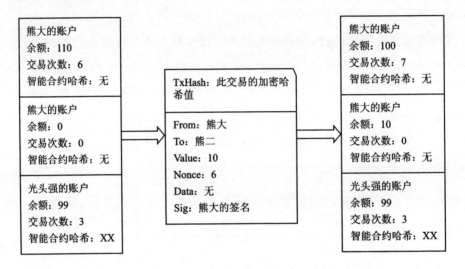

图 2 - 12 账户模式交易实例

如果熊大发起一笔交易，那么在交易发送后，全网节点会对交易数据做如下校验：

■ 交易是一个结构完整的 RLP（RLP 是递归长度前缀的缩写，是以太坊中对对象进行序列化的主要编码方式），要符合以太坊的编码规则要求；

■ 交易的签名是有效的；

■ 交易的随机数必须等于当前发送者账号的当前随机数；

■ 发送者账号的余额至少等于消耗量。

如果交易校验通过后，那么这笔交易就会被执行，状态转换如下：熊大的账户余额减少 10,交易次数增加 1,熊二的账户余额增加 10,交易即执行完成,非常容易理解。

在上面一个交易状态变化的过程中,不仅包括熊大和熊二的账户状态,也包括光头强的账户状态。这三个账户构成了以太坊的全局状态。全局状态是全网所有账户状态组成的一个状态集,它并不是存储在区块链上,而是存储在每个节点的内存中的。所有节点内的全局状态都是一样的,如果某个节点试图篡改某个账户的内容,那么它的全局状态就会改变,其他节点会拒绝承认。

思　考

① 账户模式如何处理"双花"问题和重放攻击?

对于"双花"问题,账户模式通过检查发送者的 Nonce(交易次数)来解决,每次交易后,发送者账户状态中的交易次数字段会增加 1。如果攻击者获取了交易的内容,当再次广播该交易的时候,节点就会发现交易中包含的发送者的交易次数和当前发送者账户状态中存储的交易次数不一致,因此认定该交易为无效交易,拒绝执行。

对于重放攻击,账户模式解决方法是通过 Nonce 字段记录账户的交易次数,每增加一笔交易就将 Nonce 字段加 1,当攻击者试图重放上一笔交易数据的时候,在全网同步维护的全局账户状态中,该账户的 Nonce 字段已经增加了 1,而攻击者的交易数据中 Nonce 字段还没有增加,因此签名验证是无法通过的,从而有效防止重放攻击。

② 账户模式有什么好处?

一是对智能合约支持好。UTXO 只能是已花费或者未花费两种状态,也意味着 UTXO 只能用于建立简单的、一次性的脚本,而不是例如去中心化组织这样有着更加复杂状态的智能合约。账户模式可以支持创建和存储复杂的智能合约代码,理论上和现有编程语言的功能一样,有效地解决了这个问题。

二是支持获取区块链内部和外部数据。UTXO 只有余额的状态,无法获取区块链内部和外部数据,例如上一个区块的哈希和美元的汇率,这一缺陷严重限制了 UTXO 的应用价值。账户模式可以方便地对多种数据进行存储和获取,这样大大扩展了账户模式的应用范围和应用深度,配合智能合约,理论上可以说无所不能。

2.3　网络层

网络层主要实现网络节点的连接和通信,又称点对点(Peer to Peer)技术,是没有中心服务器、依靠用户群交换信息的互联网体系。与有中心服务器的中央网络系统不同,对等网络的每个用户端既是一个节点,又有服务器的功能,其具有去中心化与健壮性等特点。在区块链中,主要基于 P2P 技术构建区块链网络。过去常用的 BT 下载都属于此类技术。从技术角度来说,P2P 技术相对比较成熟。

2.3.1　正式网络和测试网络

区块链是一种众多节点参与,承载了大量价值的网络,因此每次代码的修改,必然会涉及大量的价值,如果修改的代码经常出现 BUG,会严重影响网络的稳定性,其后果难以预料,并会导致用户的实际资金损失以及用户的流失。因此,在区块链网络一般会实际存在两个平行运行的网络,一个是正式网络,另一个是测试网络。

正式网络是正式运行的区块链,通常称之为"主网"。测试网络是开发人员部署的用于测试的一条区块链,修改后的代码先在测试网络上运行,以测试各方面是否存在问题。这条区块链和正式的区块链完全平行运行,一样面向全球用户开放,其端口、数据格式等各方面配置均与正式网络相同。唯一不同的是,测试网络在网络协议 ID 中标识为测试字样,这样正式网络和测试网络因为网络 ID 不同而不会互相连接。

2.3.2　对等节点的发现和连接

区块链节点在第一次启动的时候,就会持续地寻找其他节点,直到连接上正式网络。因为区块链网络没有服务器,所以在节点的代码中内置了一组起始节点的地址,任何节点启动时会先尝试连接代码中内置的启动节点组。如果需要节点连接指定的启动节点,则可通过设置参数来强制连接。

区块链的节点在运行中会不停地主动寻找其他节点,每个节点默认允许连接的最大节点数在 10～20 之间,连接后节点会将所连接的节点 IP、端口等信息保存为状态,并不断维护这个状态,以保持网络的稳定性。节点的发现和连接都遵循一系列的协议。比如以太坊采用 Discovery Protocol 协议来发现节点,使用 P2P Wire Protocol 协议来维持网络连接。当一个以太坊节点发现一个新的节点时,会首先发送 ping 包,对方会回应一个 pong 包,确认是一个正常节点后,再次发送 Find Node 包,里面包含了节点 ID,对方会回复 Neighbors 包,里面包含 IP、端口号、节点 ID 等信息,至此新节点被发现并连接成功。

2.3.3　区块数据同步与分叉

作为去中心化的网络,区块链节点完全依赖于其他节点进行区块的同步。如果一个完全全新的节点加入区块链网络,则其创世区块是代码内置的,不需要验证,剩余的区块需要从其他节点下载。但是在实际中,有的节点可能是恶意节点,有的节点可能没有恶意,但无意存储了错误的区块数据,那么实际中如何保证获取正确的节点和区块链呢?一般采用最佳节点法来处理。

最佳节点法,就是节点对所有连接的节点进行对比,选出最佳节点,并认为最佳节点所持有的链为权威链。这种方法在不同区块链中有不同的形式和叫法,以以太坊为例,节点会获取每个连接节点所记录的累计挖矿难度和区块高度,并对累计难度进行排序,注意这里的累计难度是从创世块诞生以来所有难度的总和。节点认为累计挖矿难度最大并且拥有最新区块头的节点为最佳节点,每当有新的节点加入,就会进行新的比对,如果发现新连接的节点累计难度更大,则将其提升为新的最佳节点。

节点会主动向最佳节点发送获取区块申请,最佳节点会根据申请返回相应的区块。如果某些节点多次发生错误或者违反以太坊的 P2P 协议,那么节点就会主动把错误节点列为危险节点,断开连接并将其挂起,防止恶意节点危害整个网络。同时一个节点不能随意广播自己所产生的区块,需要通过挖矿计算出结果才行,这样就让广播区块有了一定的成本,防止无成本的区块广播形成垃圾信息风暴攻击。

然而,实际上再完美的系统设计依然会有特殊的情况的出现。在一个无中心化服务器的网络中,区块并不是总存在一条,而是经常出现了很多小的分叉,如图 2-13 所示。

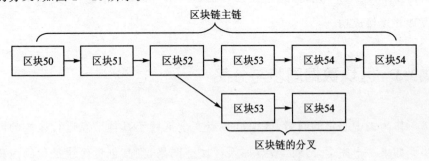

图 2-13 区块链分叉示意图

从形式上看,分叉是在某个编号的区块出现了两个或者多个同编号的区块,并且从区块验证规则来看,这两个同编号的区块均属于合法区块,只是整个网络中一部分节点存储了区块链主链,另一部分节点由于某些原因存储了分叉区块,虽然最终运行结果会形成唯一的一条主链,但如何处理出现的分叉是很重要的事情。从出现的原因和表现形式来看,分叉分成三类:挖矿分叉、软分叉、硬分叉。

1. 挖矿分叉

挖矿分叉是最常见的一种分叉,甚至可以说每时每刻都在发生。产生的原因是同一个网络中,矿工分别计算自己的挖矿难题,并且挖矿难题的答案并不唯一导致的。比如某一个矿工算出难度算法的答案挖出一个区块后,立刻广播全网,但由于节点遍布全球,传输到所有节点需要几秒甚至十几秒的时间,在这个时间段内,又有一个挖矿节点算出了挖矿难题的另一个答案,也开始广播全网,这时两个区块都是符合规则的合法区块,由此产生分叉。

以挖矿分叉情况最为普遍的以太坊为例,其区块产生时间是 14 秒,因此某个矿工挖出一个区块广播全网,在传输的 2～10 秒内,经常发生另一个节点也挖出区块的情况,以太坊将后挖出来的分叉区块称之为叔伯块,意思是和父区块同一级别,但不是主链。如何处理分叉的叔伯块是一个非常重要的问题。

从技术角度来说,系统会判定两条链中累计难度最大,区块数量最多的那条为主链,另一条为叔伯块。其原理是难度越大、高度最高的链其支持的算力必然也最多,代表了大多数节点的支持。分叉的叔伯块需要和主链合并,系统会对叔伯块中包含的交易进行分析和处理。如果该笔交易和主链中的交易一致,则以主链中的交易为准,抛弃叔伯块中的交易。如果该笔交易在主链中不存在,则从密码学角度校验该笔交易是否合法,如果合法,则承认该笔交易,并放到主链中去。如果该笔交易和主链的交易冲突,比如一个账号在主链中已经发生了一笔转账,余额仅剩30个以太币,但叔伯块中又包含了该账户转账40个以太币的交易,那么该笔交易认定无效并抛弃。

从经济角度来说,叔伯块一旦和主链合并,则区块的挖矿奖励会和主链冲突,如果完全取消叔伯块的奖励,则会严重打击叔伯块节点的积极性,甚至有些挖矿节点可能会干脆拒绝合并主链,继续在叔伯块上挖矿以维持自己的经济利益,最终造成彻底的分叉。对此,以太坊对取消的叔伯块给予一定的额外奖励补偿,最多可以到主链区块奖励的75%,有效保证了各个节点对维护主链的积极性。

2. 软分叉和硬分叉

软分叉和硬分叉是区块链经常提到的两个话题,这两个概念互相关联,理解了软、硬分叉,会进一步理解区块链的共识机制。软、硬分叉在比特币官方网站上都有定义,但其描述很模糊,因此不建议读者参照英文原文去理解。笔者建议读者通过实际的案例来体会。

要理解软、硬分叉,首先应从软、硬分叉产生的原因入手,区块链各个节点之间严格按照内置的规则,通过代码校验所发送的数据,从而达成共识,其本质上还是一套协议。在实际运行中,区块链系统是在不停升级和优化的,因此对软件代码的修改,就会触发共识规则的变化,从而产生软分叉和硬分叉。比如比特币在2012年进行了一次重要的升级,增加了P2SH交易模式,社区称之为多重签名软分叉。

软分叉和硬分叉都是共识规则的改变,其主要区别见图2-14。

硬分叉是指当区块链共识规则发生改变时,旧节点拒绝接受由新节点创造的区块的情况。违反规则的区块将被忽视,旧节点矿工会按照原有的规则,在他们最后验证成功的区块之后创建区块。

软分叉是指当区块链共识规则发生改变时,旧节点能够接受由新节点创造的区块的情况。旧节点矿工按照原有的规则依然能够验证通过新节点所创造的区块,并将新区块链接到主链上。

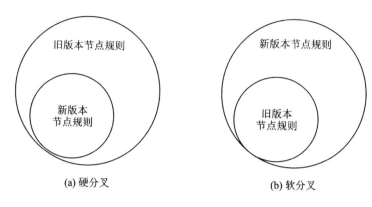

(a) 硬分叉　　　　　　　　　(b) 软分叉

图 2 – 14　区块链分叉示意图

我们用当年以太坊 The DAO 遭受攻击的例子来说明软分叉和硬分叉。2016 年黑客利用一个递归调用的漏洞将 The DAO 保管的以太币导出到了一个黑客自己管理的地址,由于技术限制,黑客在 27 天之内无法取走这些币。为防止黑客获取这些币,以太坊基金提出了软分叉和硬分叉两种解决方案。

软分叉方案:设定将从区块高度 1760000 开始,把任何处理黑客存放被盗以太币的地址的交易认作无效交易,以阻止攻击者在 27 天之后提走被盗的以太币。软分叉方案如果实施,则已经升级程序的新节点会主动抛弃从黑客地址提币的交易,由于只是对特定交易的抛弃,没有升级的旧节点在校验区块的时候依然会验证通过新节点所产生的区块。

但是软分叉方案会造成以太坊 DOS 攻击漏洞,主要原因是矿工在运行软分叉时,如果遇到还有对黑客地址的操作,就会停止继续运行,然后抛弃这段运算,该操作不会收取任何运算费用。之前以太坊矿工通过运行计算收取费用的方式,防止 DOS 攻击,但现在矿工处于一个特殊的情况,他们已经处理完大量计算后可能会没有收到任何补偿,而攻击者却不需要付出任何交易费用,也没有任何处罚。DOS 攻击者可以在智能合约里运行一些大量计算的代码,然后再包含对黑客地址的操作,以此攻击矿工,从而使得以太坊网络陷于大量无效运算而瘫痪。正是因为这个原因,以太坊的软分叉被紧急叫停了,同时启动了硬分叉方案。

硬分叉方案:设定在区块高度 1920000 之后,新节点将强行进行账户处理操作,将 The DAO 被盗资金从黑客的账户强行返还到初始投资者的账户中。在这个过程中,操作黑客账户是不需要黑客本人的签名,因此新节点生成的区块里,对于黑客账户的操作由于违反了必须要黑客本人签名的要求,无法在旧节点验证通过。这也是硬分叉和软分叉最大的不同。

思 考

区块生成时间为什么要有一定的时间间隔?

因为区块链是基于 P2P 网络的,在一个全球性网络中,信息的传递需要一定的时间,因此交易无法像传统单一来源数据库一样随时可以存储,而是需要经过一个时间段的收集和处理,区块之间形成一定的间隔可以节省存储空间,有效避免分叉等情况。

2.4 共识层

共识层主要实现全网所有节点对交易和数据达成一致,防范拜占庭攻击、女巫攻击、51%攻击等共识攻击,其算法称为共识机制。经常听到所谓的挖矿就是一种共识机制,区块链 1.0 主要以 PoW(挖矿)共识为主,区块链 2.0 则出现了多种富有特色的共识机制,各种共识机制都有自己的优点和缺点,并不是谁比谁更好的问题,而是各自适合不同的应用场景。

2.4.1 共识机制的由来

2016 年美国进行了举世瞩目的总统大选,一共在 50 个州和哥伦比亚特区进行了一次激烈的投票,而两位总统候选人纷纷进行了多次的演讲和竞选拉票,最后现任美国总统特朗普以 274 : 218 的优势战胜希拉里赢得了大选。虽然选举阶段只有一半多一点的人都把票投给了特朗普,但是一旦总统确认,所有的人都会认可特朗普的总统地位及权利,服从合法总统的管理。

如果把美国总统看作是一个区块,那么美国大选就是一个共识形成的典型过程,选民就是各个节点,每个节点根据自己的判断来对区块进行投票和确认,只有获得大多数节点认可的区块才能最终生成并放入到区块链中。一旦区块生成,那么全网的节点都将承认该区块的合法性。

与此类似,共识机制就是算法设计者给区块链系统中的程序或者节点设计的法律,保证当出现任何状况的时候,各自为政的节点之间能够协作一致,对外做出正确响应,而不至于陷入分裂的境地。

在一般的理解中,程序代码的特点是确定性极强,那么区块链网络是如何产生不确定性甚至分裂的呢?实际上,在真实的去中心化网络中,要面临很多问题。其中,一类是物理故障,比如一条信息发送后,受制于网络速度和处理速度的原因,每个节点收到信息的次序和时间是不同的,而且一个消息在传递的过程中还有可能丢失,节点有可能失效;另一类是人为故障,有些节点出于恶意或者被黑客控制,对信息进行篡改或者伪造,甚至攻击网络。在以上情况下,如果节点已经陷入了混乱的状态,那么如何通过一系列的处理,让这些节点重新步调一致的问题,称之为拜占庭将军问题。

2.4.2 拜占庭将军问题

事实上,拜占庭将军问题的出现要比区块链的出现早很多。早在 1982 年 Leslie Lamport 就与另两人共同提出了该问题,可见拜占庭容错一直是分布式系统面临的问题,其学术研究也由来已久。

拜占庭将军问题描述的是这样一种情况：拜占庭帝国想要消灭一个强大的敌人，为此派出了 6 支军队去包围这个敌人所在的城池；这个敌人虽不比拜占庭帝国强大，但也足以抵御 3 支拜占庭军队的同时袭击；6 支拜占庭军队分布在敌人城池的四个方向，他们当中的任意一支军队单独进攻都毫无胜算，除非有至少 4 支军队同时在四面袭击才能攻下敌城；6 支军队依靠通信兵相互通信来协商进攻意向及进攻时间；困扰这些将军的问题是，他们不确定他们中是否有叛徒，叛徒可能擅自变更进攻意向或者进攻时间，甚至叛变投敌，向其他军队发布假命令。在这种状态下，拜占庭将军们能否找到一种方法来让他们能够远程协商，从而赢取战斗呢？这就是著名的拜占庭将军问题。

拜占庭将军问题的实质就是在分布式的网络的一个最差错误模型，即错误节点可以做任意事情（不受协议限制），比如不响应、发送错误信息、对不同节点发送不同决定、不同错误节点联合起来干坏事等。总而言之，没有节点会出现比拜占庭将军问题更严重的错误。

拜占庭将军问题的核心描述的是军中可能有叛徒，却要保证进攻一致，由此引申到分布式系统领域如何保证系统的一致性，其本质是一种容错理论，目的是解决分布式系统的一致性和可用性，其解决的算法被称为拜占庭容错算法。

2.4.3 传统共识机制所做的努力与局限

在传统的分布式系统中，学术界提出了两个较为有名的分布式一致性算法 Pasox 和 Raft，并且应用它们实现了很多强一致性的分布式系统。其原理类似于选举制，领导者节点需要说服大多数节点服务器投票给他，一旦选定后就全网就跟随领导节点操作，并且全网中还有若干的候选人节点，一旦领导者节点失效，则进行从候选人节点中选出新的领导者节点。

Paxos 和 Raft 的主要区别在于选择领导者节点的具体过程不同,当然具体的技术实现细节还是非常复杂的。

区块链与传统的分布式系统不同,首先区块链的网络是开放的,任何节点的加入和退出都是完全自由和不可控的;其次网络中存在恶意的节点和各种攻击。在区块链中面临传统分布式系统不曾面对的攻击,典型的攻击有女巫攻击(Sybil attack)和共谋攻击(collusion attack)。

女巫攻击是指攻击者使用低成本的方法,大量新增节点,使得所控制的节点在全网达到一定的比例,然后恶意将错误的数据发送给其他节点,从而控制和干扰整个网络达成共识和操作数据结果的攻击。

共谋攻击是指一个或多个节点为了利益结盟或者因黑客攻击被恶意控制,通过控制特定比例的投票数量导致操纵数据结果的攻击。

假如传统的分布式系统部署在互联网中,并开放任意节点接入,攻击者可以轻松使用女巫攻击,大量新增节点,直到所控制的节点达到 51% 的比例,就可以完全控制整个网络的运行。因此,严格来说,传统的分布式一致性算法主要应用于中心化管理的分布式系统。换句话说,传统分布式系统的部署和运行是完全可控的,各个节点之间不存在恶意篡改、攻击等主观恶意情况,传统的分布式一致性算法 Paxos 和 Raft 保证的是在非人为因素的情况下,比如网络分割、丢包、乱序等,全网节点保持一致,但是如果存在节点作恶则会导致算法失效,进而导致网络崩溃,无法达成共识。因此,大部分论文也都明确指出 Paxos 和 Raft 的算法只能应用于非拜占庭容错场景,或者称之为宽松的拜占庭容错场景,即网络中不允许有恶意节点的出现。

由此可见,区块链面临的是严格的拜占庭将军问题,传统的分布式一致性算法无能为力,这也是困扰了学术界很长时间的问题,直到 2009 年比特币的诞生,终于,也是第一次,提出了有效的解决方案——工作量证明(Proof of Work,简称 PoW,即我们常说的挖矿),并在互联网上成功实践,最终引发区块链的技术热潮。

2.4.4 第一种区块链共识机制——工作量证明

工作量证明是一种通过贡献算力来达成共识的方法,俗称挖矿。其原理是所有节点用暴力破解的方式平等地计算同一个数学难题,最先获得答案的节点将获得这个区块的发布权和一定的区块生成奖励。因为工作量证明是比特币最先提出来的,后续各种区块链只是对其进行了小的修改,但是其原理没有变化,因此下面以比特币为例进行详细说明。

1. 为什么需要工作量证明机制

首先要谈一下比特币是如何产生的。比特币的区块每 10 分种产生一个,伴随着每个区块的诞生,一定数量的比特币被释放出来,一直到若干年后 2 100 万个比特币释放完毕。

比特币的简易网络拓扑图如图 2-15 所示。

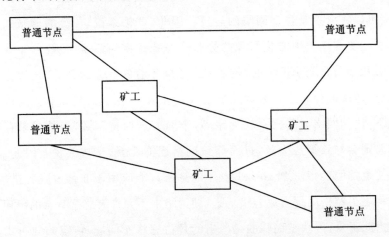

图 2-15 比特币的简易网络拓扑图

网络中的节点分成两类,一类是普通节点,另一类是挖矿节点。普通节点仅有路由、通信、钱包等简单功能;挖矿节点负责所有交易的验证、打包、脚本的执行以及区块的生成,支撑了整个网络的运行。这里需要解决一系列有关区块的问题:谁来志愿做挖矿节点贡献自己的计算能力来支撑网络的运行？区块中的交易是全网生成的,那么由哪个节点具体负责生成区块？每个区块释放出来的比特币应该归哪个节点所有？如果别的节点恶意发布新区块怎么办？工作量证明机制正是以上问题的解决方案。

2. 工作量证明机制的具体实现

比特币规定只有生成区块的节点才能获得该区块的比特币奖励,每个区块生成权并不是指定的,而是节点之间平等竞争出来的:区块链代码中内置了一道计算题,逻辑很简单,每生成一个区块就会调整参数,答案就会变一次,谁先算出结果,谁将拥有区块的生成权,并获得比特币奖励。计算题的简化模型如下:

$$SHA256(X) < Target$$

Target 是目标值,由区块链本身根据每次区块的情况自动生成并广播全网的,X 是矿工可以随便输入的变量值,SHA256 是哈希计算函数。只要使得等式成立,即矿工找到一个 X,使得 X 的哈希值小于 Target 的值,就可以获得区块生成权。由于 SHA256 算法本身不可逆也不可破解,对于满足等式的 X 值,唯一的方法就是暴力穷举计算,直到找到符合条件的 X 为止,因此谁的算力越高,谁最快找到不等式成立条件的概率就越大,从而激励矿工不停地投入更多的算力去竞争。

具体到比特币,矿工实际上是计算区块头的哈希来进行挖矿的,比特币区块头是固定 80 字节长度,每次挖矿就是对其进行两次 SHA256 运算,形成的计算公式如下:

SHA256(SHA256(nVersion ＋ hashPrevBlock ＋ nBits ＋ nTime ＋ hashMerkleRoot))＜ F(nBits)

下面详细解释一下各个字段的含义:

nVersion:区块版本号,只有在升级时候才会改变。

hashPrevBlock:前一个区块的哈希。

nBits：本区块的难度，由比特币根据算力自动调节。

以上 3 个字段可以理解为是固定的，对于每个矿工来说都一样。矿工可以自由调整的是以下 3 个字段：

nNonce：挖矿的随机数，提供 2^{32} 种可能取值。

nTime：本区块的 Unix 时间戳，因为合理的区块时间有一个范围，这个范围是根据前一个区块时间来定的，比前一个区块时间太早或者太超前都会被其他节点拒绝。一般来说，矿工会直接使用机器当前的时间戳。

hashMerkleRoot：默克尔树根哈希，理论上提供 2^{256} 种可能，本字段的变化来自于对包含进区块的交易进行增删，或改变顺序。

以上 3 个字段都是可变的，针对挖矿的就是 nNonce 字段，矿工不停地修改 nNonce 的值，直到挖矿算法的不等式成立。

比特币的矿工工作逻辑如下：

① 接收全网交易，检索待确认交易内存池，选择包含进区块的交易。矿工可以任意选择，甚至可以不选择（挖空块），因为每一个区块有容量限制（当前是 1 MB），所以矿工也不能无限选择。对于矿工来说，最合理的策略是首先根据手续费对待确认交易集进行排序，然后由高到低尽量纳入尽可能多的交易。

② 对所有交易构造默克尔树，计算出 hashMerkleRoot。

③ 填充区块的其他字段，获得完整区块头。

④ 对区块头进行两次 SHA256 运算。

⑤ 验证结果，如果符合区块的难度要求，则广播到全网，不符合难度则根据一定策略改变 nNonce 字段后再进行挖矿运算并验证。

⑥ 挖矿竞争中胜出的挖矿节点对所有收集到的数据进行预打包，形成区块并广播至全网。

⑦ 全网验证没有问题后，该区块存储在现有区块链上。

⑧ 经过若干块确认后，此交易永久地写入区块链中。

3. 工作量证明机制如何解决拜占庭将军问题中节点作恶的问题

首先针对女巫攻击,让作恶成本增加。如果一个节点作恶,则它需要向其他节点发布恶意数据。在工作量证明机制中,如果一个恶意节点向其他节点发送篡改的区块数据,其他节点在收到区块后,会首先验证区块中的PoW 答案是否符合不等式的要求,如果不符合则拒绝转发该区块。因此作恶节点无法广播恶意篡改的区块数据,除非领先别的节点先计算出数学难题的答案,这就需要攻击者给女巫作恶节点加入大量的算力,导致作恶成本飞速增长,一般攻击者难以承受。

其次针对共谋攻击,让作恶难以实现。在比特币的设计中,所有的计算机都可以进行挖矿,这样就让挖矿没有了门槛,从理论上,挖矿的节点遍布全球,其理念是一个 CPU 一票制度,共谋攻击者很难跨地域联合这么多同谋者,而且随着全球算力的逐步增长,共谋攻击需要联合的算力越来越多。共谋者联合到 51% 的算力,才能发送一次双花攻击,从目前来看,其成本就是个天文数字,难以实现。

最后让作恶收益不如维护网络收益。正如前面所说的,作恶是需要成本的,当攻击者投入大量的人力和算力去试图作恶时,系统会因为他提供的算力而进行奖励,最后攻击者会发现,作恶的收益还不如提供算力的收益高,反而放弃了攻击。

总之,不断增长的算力和全球分布的挖矿节点,为区块链提供了一个非常有效的安全屏障,并随着社区规模的不断扩大和用户的不断增多,使得安全性越来越高,攻击越来越难。

4. 工作量证明机制所面临的 51% 攻击

51% 攻击是指攻击者掌握了比特币网络中 51% 的算力,他就能够比别的矿工更快地计算出挖矿数学题答案,从而获得区块的生成权,攻击者利用这个区块生成权而进行攻击。具体来说,可以实现两种攻击:一是修改自己的交易记录,从而达到双重支付;二是通过主动抛弃区块中的部分交易数

据,来阻止指定的交易确认。但是 51% 攻击不是万能的,它不能进行以下攻击:

- 修改其他人的交易记录,或者把不属于他的比特币发送给自己或其他人。交易都是密码学签名的,攻击者没有密钥就无法修改数据。
- 阻止交易被发出去。交易会被发出,只是显示 0 个确认而已。
- 改变每个区块产生的比特币数量。产生比特币的逻辑是代码内置的,如果攻击者修改生成比特币的数量,则无法通过其他节点的验证。
- 凭空产生比特币。所有比特币的状态都是全网同步的,攻击者如果和其他节点状态不一致,则会被拒绝。

假设攻击者掌握了整个网络 51% 的计算速度,他会利用算力偷偷地挖矿而不广播,形成和比特币主链平行的另一条链。假设这个区块链的长度为 10,而主链由于算力较少,其长度为 9。在此期间,攻击者在比特币主链上将自己的比特币通过交易发送到交易所换成美元并提取出来,这时区块链主链上攻击者的账户已经没有了比特币,但攻击者自己控制的链上的账户中还存在比特币。攻击者这时将自己控制的链通过网络广播出去,由于比特币原则是两个链不同的时候,以最长的链为正式链,因此比特币全网会抛弃原有主链上攻击者发送交易所的比特币交易数据,而承认攻击者控制链上的数据,最终的结果是攻击者拿到了美元,但是其比特币账户的余额没有变化。通过这种方法,攻击者可以多次进行重复支付来获取利益。

需要注意的是,攻击者不一定非要掌握 51% 的算力,只要掌握一定量的算力(比如 30%)就可以进行攻击,但是成功率要低很多。简单来说,攻击的成功率和算力成正比。

5. 工作量证明机制的缺点

作为第一个区块链共识机制,工作量证明机制也存在一些不够完善的地方,主要有以下两点:

一是资源消耗非常大。为了维护网络共识,比特币使用的算力超3 831 652 TH/s,相当于 5 000 台以上天河 2 号 A 的运算速度,每天耗电超过 4 000 MWh,约合上百万人民币(估测数据),是对资源的严重浪费,对于企业级应用是完全无法接受的。

二是交易速度很低。因为工作量证明工作量证明机制是通过不停地重复计算来实现共识的,其算力本质并不是处理交易数据而只是处理与交易无用的挖矿数学题,因此其交易速度很低,目前比特币的交易速度只有每秒5 笔,即使是优化算法的以太坊也仅仅达到每秒 25 笔,距离企业级应用需求相差很多。

思 考

① 如何保证区块的生成时间保持固定的间隔?

区块的生成时间是由挖矿难度与全网算力决定的,在难度不变的情况下,算力越大,生成区块的时间越短。全网的算力是不停变化的,因此为了保证区块生成时间保持一致,区块链会根据前面区块生成的时间来动态调整难度,比如比特币会根据前 2 016 个区块的生成时间来调整下一组 2 016个区块的生成难度。如果前面区块的平均生成时间为 5 分钟,而比特币的区块设计生成时间为 10 分钟,那么比特币会把挖矿难度提高到原先的2 倍。

② 比特币为什么是 6 个块确认?

由于存在潜在的分叉链和攻击者,有可能产生双花攻击,或者无意的分叉导致的交易失效,因此当交易刚刚被写入区块时是不能确认一定是有效的,比如刚好攻击者利用算力发动了一次双花攻击。在中本聪写的《比特币:一种点对点的电子现金系统》一书中详细描述了这种情况,攻击者算力一定且不到 51% 的情况下,其攻击成功的概率会随着区块数的增长而呈现指数化下降。由于概率是攻击者的敌人,如果他不能幸运且快速地获得成功,那么他获得成功的机会随着时间的流逝而变得愈发渺茫。《比特币:一种点对点的电子现金系统》一书中详细分析了不同算力下攻击者成功的概率,最后认为 6 个区块后可以确认是交易足够安全的。

2.4.5　其他共识机制

由于工作量证明机制共识的种种缺陷,后来发展出多种各具特色的共识机制,为促进区块链技术的健康发展起到了很大的推动作用。

1. PoS:Proof of Stake,权益证明

原理:区块生成权是完全随机指定的,但最重要的一个参数是参加共识节点所持有的代币数量,因此节点获得区块奖励的概率与该节点持有的代币数量成正比,这样就有效避免了节点作恶,也不需要消耗巨大的算力,同时可以大幅提高交易速度,但由于代币在初期分配时人为因素过高,故容易导致后期贫富差距过大。

后期多个区块链对 PoS 做了改进和优化,比如参数中除了代币数量外还加入代币持有天数的参数,节点提供带宽、硬盘等资源的参数,以更加公平合理的方式分配奖励。

2. DPoS:Delegate Proof of Stake,股份授权证明

原理:DPoS 是在 PoS 的基础上进行了进一步的优化,如果说 PoS 是全民投票,那么 DPoS 就是议会代表制。所有的节点投票选出 101 个(或其他数量)委托节点,区块完全由这 101 个委托节点按照一定算法生成,所收到的区块奖励也根据委托节点向所有投票节点进行分发。

由于参与共识的节点数量少,而且委托节点为了获取其他节点的支持投票,因此往往提供性能卓越的硬件环境,从而可以使得 DPoS 共识达到很高的性能。

3. Casper:投注共识

原理:以太坊下一代的共识机制,可以理解为增加了惩罚机制的 PoS 共

识,每个参与共识的节点都要支付一定的押金,节点获取奖励的概率和押金成正比,如果有节点作恶押金则要被扣掉。截至本书完稿时,它还没有完全开发完成,但有望成为新一代共识的重要代表。

4. PBFT:Practical Byzantine Fault Tolerance,拜占庭容错算法

原理:与一般公有链的共识机制主要基于经济博弈原理不同,PBFT 基于异步网络环境下的状态机副本复制协议,本质上是由数学算法实现了共识,因此区块的确认不需要像公有链一样在若干区块之后才安全,而是可以实现出块即确认。

假设节点总数为 $3f+1$,f 为可能作恶的拜占庭错误节点数量:

① 当节点发现领导节点作恶时,通过算法选举其他的副本节点为领导节点。

② 新的领导节点通过消息把它选择的区块数据广播给其他副本节点,其他的节点如果接受则发送准备就绪的反馈,如果失败则不发送。

③ 一旦 $2f$ 个节点接收了区块数据并返回了准备就绪的消息,则节点发送交易确认消息。

④ 在 $2f+1$ 个节点接受消息后,代表该区块数据被确定。

从以上原理可以看出,PBFT 容错算法最大允许 33% 的作恶节点。

5. PoET:Proof of Elapsed Time,消逝时间量证明

原理:该共识机制由 intel 提出,核心是用 intel 支持 SGX 技术的 CPU 硬件,在受控安全环境(TEE)下随机产生一些延时,intel CPU 负责从硬件级别证明延时的可信性,类似于彩票算法,谁的延时最低,谁就将获取记账权。这样,增加记账权的唯一方法就是多增加 CPU 的数量,具备了当初中本聪设想的一个 CPU 一票的可能,同时增加的 CPU 会提升整个系统的资源,变相实现了记账权与提供资源之间的正比例关系。

共识机制有各自的优缺点,适应不同的场景,其对比见表 2-1。

表 2-1　不同共识算法对比

共识算法	PoS	DPoS	Casper	PBFT	PoET
性能	较高	高	较高	高	高
实际性能(TPS)	100~500	500~1 000	大于 1 000	500~1 000	大于 1 000
去中心化程度	完全	完全	完全	半中心化	半中心化
允许最大作恶节点数量	51%	51%	51%	33%	51%
是否需要代币	是	是	是	否	否
应用类型	公有链	公有链	公有链	联盟链	联盟链
能否防范女巫攻击	是	是	是	否	是
技术成熟度	成熟	成熟	未应用	成熟	未应用
需要专用硬件	否	否	否	否	是

2.5　激励层

激励层主要实现区块链代币(token)的发行和分配机制。激励层也是区块链的核心精髓之一,却被很多介绍区块链的文章草草代过。比特币在没有一个公司运营的情况下,稳定运行了数年,期间受到了多次黑客攻击,经历了多次技术故障,用户不但没有流失,反而越来越多,运行越来越稳定,越来越健康,这不得不说是一个奇迹,而创造这个奇迹最重要的原因之一是区块链完善的激励机制。

在过去的技术发展中,多种分布式系统都曾在互联网上出现过。例如早期出现的点对点网络(又称 P2P 网络),曾经很红火,广泛用于各种影视文件的共享,但是在应用过程中出现了很多问题,比如某一文件因为比较冷门,大部分节点不愿意分享,导致想下载的节点无法获得足够的带宽,而有些节点随意上线和下线,导致文件下载时断时续。再比如利用全球联网的计算机共同搜寻地外文明(SETI)的科学实验项目,该项目通过分析 Arecibo 射电望远镜采集的无线电信号,搜寻能够证实外星智能生物存在的证据,很多节点依靠热情加入了这个计划,但难以持久,并且全网总算力并不理想。以往各种例子均证明,一个可靠的基于 P2P 的价值网络仅仅依赖于某项技术是无法实现的,必须至少满足如下几个条件:

■ 参与的节点尽量多,只有尽量多的节点才能维护网络的鲁棒性。

■ 参与的节点应该是持久性的,而非一时激情,只有持久稳定的节点才能带来网络的价值稳定。

■ 具有自主修复的能力,在没有中心维护的情况下,网络应该具有自主修复的意愿和能力。

实现以上目标的关键是有一套完善的激励机制。以比特币为例,在激励机制中,每个区块生成的时候,都会固定奖励挖到该区块的节点若干比特币,并且每四年比特币的奖励就会减少一半,根据极限算法,最终比特币总量上限是 2 100 万。比特币设定了挖矿算法,为网络提供算力的节点会有机会获得这些比特币奖励,提供的算力越高,获得奖励的机会越大,因此随着比特币价值的增加,愿意提供算力获取报酬的节点越来越多,反过来由于算力增加,网络稳定性提高之后,愿意使用的用户也越来越多,促使比特币价格的进一步提高,形成了一个正循环。

比特币的另一种激励机制是交易费用的收取,即每一笔交易都要付给支持节点运行的矿工交易费。目前支付的交易费用并不多,但是在若干年后,比特币区块将不再奖励比特币,那么支持节点继续维持网络的动力就会转移到交易费用。这是一种市场化的行为,因为每个区块的空间有限,所能支持的交易也是有限的,支付交易费用多的交易就会被矿工优先处理,支付交易费用少的交易就排在后面,甚至如果支付交易费用过少,矿工会一直拒绝处理。在不断市场博弈的基础上,交易费用形成一个动态平衡,整个过程是自动的、完全去中心化的,这也是区块链的魅力之一。

区块链从技术角度来说是不完美的,也不可能完美。比如比特币在
2010 年 8 月被发现有 Value Overflow 漏洞,黑客利用此漏洞凭空创造了
184 亿比特币,价值 100 多亿美元。在共同利益的驱使下,比特币社区团结
一致,很快修复了该漏洞。在这种正向激励下,如果一个节点试图通过算力
攻击比特币网络,他会发现提供算力维持网络的收益比攻击的收益还高,反
而会放弃攻击。因此通过这样一套激励机制,区块链实现了让网络自我修
复,让节点趋向诚实。

思 考

发行总量一定的比特币能否成为货币应用于经济?

货币是推动经济发展和社会进步的重要力量,是经济体系的血液,在信
用货币制度下,流通中的货币数量要和经济总量、流通效率相匹配,否则会对
经济发展产生反作用,因此货币总量要随着当前的经济情况做出适当的调整。

假如总量不变的比特币作为货币应用于真实的经济体系,固然不会产
生通货膨胀了,但是随着经济的发展,社会对货币流通总量的需求也会增
长,由于比特币总量不变,就会发生社会需求大于货币供给的情况,表现为
比特币的购买力越来越高,即商品价格下跌,会引起企业利润减少,导致员
工工资下降,从而抑制消费,继而引起商品价格持续下跌,企业利润进一步
减少,然后又引发新一轮的生产减少,投资下降。如此循环,经济学称之为
螺旋式通货紧缩。最终结果就是:将比特币作为货币,经济发展会因此而逐
步停滞。

2.6 智能合约层

智能合约赋予区块链可编程的特性,也是区块链 2.0 的核心所在。一般

来说,区块链通过虚拟机方式运行代码来实现智能合约的功能。同时,这一层通过在智能合约上添加能够与用户交互的前台界面,形成去中心化的应用(DApp)。鉴于智能合约层的重要性,后面我们将单独用一章来介绍。

2.7 企业应用区块链的考虑

随着区块链技术的快速发展,越来越多的企业对该项技术展现了极大的兴趣,开始普遍参加国内外各种会议和报告,尽可能深入了解区块链,试图将其应用在传统的商业活动中。企业作为区块链特殊的用户,因此对区块链也有特殊的要求。

2.7.1 交易性能的考虑

企业在商业场景中,非常重要的一项指标是交易性能。很多区块链宣称的交易性能非常高,但企业尤其是金融企业,需要关注的是其真实的交易性能,这不仅是指快速的交易验证共识能力,更重要的是交易的落盘性能,即不能把通过节点验证尚在缓存中的数据算作交易结束,而是以数据最终存储到磁盘中的交易笔数作为交易性能标准。比如 PBFT 共识算法的理论交易性能在每秒 10 万笔以上,但实际上本文编写时 hyperledger 的实际能达到的交易速度一般是每秒 500 笔左右(这是 IBM 开发人员基于普通服务器测试的结果)。

2.7.2 商业数据的保密性和可监管性

众所周知,区块链的特性之一是数据公开透明,区块链为了实现全网达成共识,需要把所有交易公开透明地发送全网进行验证,因此理论上每个账户所有的交易数据都能被全网所有节点获取。例如比特币和以太坊,任何节点都能获取所有节点的所有历史交易数据,以及所有部署的智能合约源代码。

如果区块链技术应用于企业业务,某些节点通过收集整理区块链上其他企业的数据,就可以使用大数据技术对该企业相关的客户行为和客户数字资产进行分析,获取有价值的结果,甚至可以进一步分析相关的业务逻辑,有可能导致企业泄露敏感信息。

交易数据泄露的问题,是由区块链本身的特性导致的。业界一直致力于保护交易隐私技术的研究和应用,目前可以采用多种方法使风险可控:

第一种是采用两层数据结构,即区块链层和内部数据层结合的方式处理数据。大部分不需要在区块链流动的数据只放在企业内部数据库中,少部分需要流动的数据在需要时再接入区块链,比如企业间积分通兑系统,大部分积分其实是不会流动到其他企业的,这些客户积分数据就可以完全由企业内部服务器处理,当有客户需要积分通兑时,再将该客户的积分接入区块链进行流动,从而有效避免数据的泄露。

第二种是对申请接入区块链的节点进行授权管理。企业应用区块链不同于公有链,需要对接入的节点进行身份认证和授权管理,同时还要签署相关的协议,从法律角度约束每个节点的行为。

第三种是采用先进的加密算法从技术上保护数据。目前业界普遍认为零知识证明、环签名、同态加密这三个方向最有可能实现交易的隐私保护,并且已经有一些公有链数字货币通过混币技术、环签名和零知识证明技术分别实现了交易数据的隐私,并平稳运行了一段时间,待以后技术成熟后,即可广泛地应用于各种区块链。

数据保密的同时,商业活动尤其是金融业务是一种处于监管下的行为,因此企业级区块链应具备完善的可监管性。一方面需要具有审计能力。在交易数据使用保密技术不被竞争对手获取的同时,能够配备审计节点,通过审计节点可以授权查看区块链上所有的数据以进行合法审计。另一方面需要对节点进行身份授权管理。不同于公有链任何人都能匿名接入,根据国家反洗钱法等的规定,企业应该具备 KYC(知道你的客户)能力,因此企业应用区块链需要引入完善的 CA(身份验证)机制,对接入的节点进行身份认证和授权管理,必要情况下还要签署相关的协议,从法律角度约束每个节点的行为。

2.7.3　海量数据存储和分析能力

区块链因为实现全网共识,需要频繁读/写数据库,为满足性能需求,多采用 K-V 型数据库来存储区块数据。但 K-V 型数据库不支持 SQL 数据分析,同时能存储的数据量也有限。在实际应用中,企业需要经常对数据进行分析和处理,同时企业运行过程中产生的数据量较大,采用区块链复式记账的模式,在系统长时间运行下,历史数据会不断累积,数据量很快就能达到一个非常高的级别。

综上,一个企业级的区块链应具有多种数据库接口,采用冷热数据分离存储、分表存储等机制,实现海量数据的有效存储。旧的交易数据、非活跃资产等信息可以从区块链上剥离出来,通过数据仓库存放,并支持使用大数据平台进行 PB 级别的数据处理和分析。目前,各个区块链商业公司已经开展了相关研究,并有了一定的进展,虽然还没有出现成熟的技术,但相信随着未来区块链应用案例越来越多,技术一定会越来越成熟。

2.7.4　可扩展性

区块链定位于平台,因此在应用时需要充分考虑公司业务的多样性和可扩展性,能够满足不同业务领域的需求,比如既可用于资产交易,也可提供存证功能,还可以用于溯源以跟踪物品的流通过程。这就需要区块链产品有较为完善的智能合约机制以及网络扩充能力,比如 Hyperledger 0.6 版本中采用 PBFT 共识算法,一旦共识节点确定后,就无法再增加了,也就说后续节点无法以共识节点的身份加入,除非全网所有的验证节点停机重新配置,这样严重限制了区块链生态的扩展,因此 Hyperledger 1.0 版本中改善了此问题。

可扩展性的另一方面是支持可插拔共识算法,共识是区块链范围内的节点就如何在交易状态中取得一致的机制,它取决于参与节点分布式一致过程的算法。目前已经有多种共识算法,每种算法都有优点和缺点,因此也匹配特定的应用环境。在企业环境中,各个企业由于应用不同而具有不同的需求,因此可拔插的共识算法可以非常有效地降低企业成本,提高企业应用的灵活度。

2.7.5 可维护性

可维护性是区块链应用的基石,无论多么美好的愿望,终究需要工程师去完成。区块链的可维护性体现在以下三方面:一是代码开源,二是具有业务数据回撤能力,三是具有完善的运维监控能力。

① 代码开源,是区块链不同于其他 IT 应用的特点。

对于区块链创造的这个信任网络,加入的节点至少需要有能够平等查看所有代码的权利才有可能产生信任,谁会在连代码都不清楚的情况下,将自己的业务运行在上面呢?更谈不上可信网络了。同时代码开源,越多的人研究和使用,代码也越安全,并形成一种网络效应,加速其价值的增长,内含功能和技术支持也越完善,防止在后续升级和扩展中过于依赖源代码供应商而形成垄断。

② 具有业务数据回撤功能是不可或缺的。

企业在正常运营过程中,业务数据出现问题是难免的。在传统的 IT 系统中,业务数据的修改与回撤是非常简单的事情,但在区块链网络中就异常困难,需要获取其他链上企业的同意才能进行。因此未来企业应用区块链,应提前在技术上做好相关准备,比如定期备份节点数据,以便回退数据,并与其他企业提前做好紧急情况下业务回撤的协议方案,以避免造成无法挽回的损失。

③ 具有完善的运维监控能力。

该问题也是目前企业应用区块链容易忽视的问题。由于目前各家区块链开发企业尚处于早期阶段,比如 R3 联盟链 0.8 版本和 Hyperledger 联盟链刚发布的 1.0 版本(预计 4 月底、5 月初发布),均忙于核心功能的实现以及 BUG 的排除,而相关企业运维管理模块还处于待开发或半成品阶段,企业对区块链选型时,需重视对可运维能力的考察,才能真正形成生产力。

2.7.6　生态的开放性

从某种角度来说区块链解决的核心问题不是数字货币,也不是智能合约,而是在信息不对称、不确定的环境下,如何建立满足经济活动赖以发生、发展的、开放性的信任网络,从而打造共享共赢式金融发展生态体系。

每个企业都有自己传统的势力范围,如果区块链只是在自己势力范围内的小圈子使用,那么区块链技术的应用并不会达到预期的效果,这个小圈子依赖的依然是过去旧有势力的权威,只不过通过区块链使其代码化了,原有的业务模式和利益分配并不会因为有了区块链而改变,只是从线下搬到了线上。企业区块链只有具备了开放性,才能构成一个规则明确、信息对称、公平竞争的良性生态环境,打破小圈子的潜规则,让资源充分流动起来,使客户和业务进行市场化的有效匹配。

2.7.7　行业标准的符合性

企业级区块链在行业应用时,应该符合行业标准和国家标准,每个行业都有自己的特色。以金融行业为例,区块链是大量基于密码学的技术,而密码学作为信息安全的基础,密码算法和密码产品的自主可控是确保我国信息安全的重中之重,国产密码算法的推广和应用已经成为我国快速应对信息安全威胁的首选措施之一,也是我国从根本上实现信息化产业完全自主可控的安全基础。因此,我国要求金融行业进行国产密码算法改造工作,区块链如果应用于金融业务,必须按规定进行国密改造以符合国家标准。

2.8　搭建基于以太坊的私有链

通过前面所述方法,我们可以快速地搭建好自己的私有链进行区块链开发测试。下面基于以太坊技术进行搭建,分两部分,即 Ubuntu 下的搭建方法以及 Windwos 下的搭建方法。

2.8.1　Ubuntu 下安装 Geth 客户端

之所以采用 Ubuntu,是因为以太坊的官方对 Ubuntu 支持得很好,是在各个 Linux 系统中安装最简单的。

Geth 官方安装指南下载地址:

https://github.com/ethereum/go - ethereum/wiki/Building - Ethereum

进入 Ubuntu 命令行,执行如下命令:

```
sudo apt－get update

sudo apt－get install software－properties－common

sudo add－apt－repository －y ppa:ethereum/ethereum

sudo add－apt－repository －y ppa:ethereum/ethereum－dev

sudo apt－get update

sudo apt－get install ethereum
```

系统联网执行后，即完成了安装以太坊客户端，其中包括 geth，bootnode，evm，disasm，rlpdump，ethtest。

此时如果输入 Geth 命令，就会出现启动以太坊启动的画面。

2.8.2 Windows 下安装 Geth 客户端

Windows 必须为 64 位系统，从官方网站下载编译好的 win64 客户端，解压缩即可运行。

win64 客户端下载地址如下：

https://github.com/ethereum/go－ethereum/releases/

下载后，只有一个 Geth.exe 的文件。

安装图像化客户端 Mist，依然是从官方地址下载编译好的客户端即可，下载地址如下：

https://github.com/ethereum/mist/releases/

下载解压缩后，Ethereum－Wallet 即为以太坊图形化界面。

2.8.3 准备创世块文件

配置自己的创世块是为了区分公有链。同一个网络中，创世块必须是一样的，否则无法联通。此方法在 Windows 和 Ubuntu 下通用。

新建文件 piccgenesis.json，输入如下内容并保存：

```
{

    "nonce": "0x0000000000000042",

    "mixhash":
"0x0000000000000000000000000000000000000000000000000000000000000000",

    "difficulty": "0x4000",

    "alloc": {},

    "coinbase": "0x0000000000000000000000000000000000000000",

    "timestamp": "0x00",

    "parentHash":
"0x0000000000000000000000000000000000000000000000000000000000000000",

    "extraData": "PICC Genesis Block",

    "gasLimit": "0xffffffff"

}
```

各个参数的作用见表 2-2。

表 2-2 各个参数的作用

参　数	作　用
mixhash	与 nonce 配合用于挖矿，由上一个区块的一部分生成的 Hash。注意它和 nonce 的设置需要满足以太坊的 *Yellow Paper* 中 4.3.4 小节的 *Block Header Validity* 中所描述的条件
nonce	nonce 就是一个 64 位随机数，用于挖矿，注意它和 mixhash 的设置需要满足以太坊的 *Yellow Paper* 中 4.3.4 小节的 *Block Header Validity* 中所描述的条件
difficulty	设置当前区块的难度，如果难度过大，则 CPU 挖矿就很难，这里设置较小难度
alloc	用来预置账号以及账号的以太币数量，因为私有链挖矿比较容易，所以我们不需要预置有币的账号，需要的时候自己创建即可

续表 2 - 2

参　　数	作　　用
coinbase	矿工的账号,自行确定
timestamp	设置创世块的时间戳
parentHash	上一个区块的 Hash 值,因为是创世块,所以这个值是 0
extraData	附加信息,随便填,可以填你的个性信息
gasLimit	该值设置对 GAS 的消耗总量限制,用来限制区块能包含的交易信息总和,因为这里是私有链,所以填最大

2.8.4　启动私有链节点

启动 Geth 即可以启动以太坊的区块链,为了构建私有链,需要在 Geth 启动时加入一些参数。Geth 参数的含义见表 2 - 3。

表 2 - 3　Geth 参数的含义

参　　数	含　　义
identity	区块链的标示,自行确定,用于标示目前网络的名字
init	用于指定创世块文件的位置
datadir	设置当前区块链网络数据存放的位置
port	网络监听端口
rpc	启动 rpc 通信,可以进行智能合约的部署和调试
rpcapi	设置允许连接的 rpc 的客户端,一般为 db,eth,net,web3
networkid	设置当前区块链的网络 ID,用于区分不同的网络,是一个数字
console	启动命令行模式,可以在 Geth 中执行命令

1. 在 Ubuntu 下启动区块链节点

在 Ubuntu 下,首先切换到打算运行的目录,目录下应该有配置好的 piccgenesis.json 文件,执行如下命令:

119

```
basepath = $ (cd 'dirname $ 0'; pwd)
```

获取当前的目录

```
geth  --datadir "$ basepath/chain" init piccgenesis.json
```

创建数据存放地址并初始化创世块

```
geth -- identity"PICCetherum"  -- rpc  -- rpccorsdomain " * "
-- datadir "$ basepath/chain" -- port "30303"  -- rpcapi "db,eth,
net,web3"-- networkid 95518 console
```

启动后界面如下,光标停留在最后的命令行上,可以执行以太坊命令:

```
I0707 00:45:43.680087 ethdb/database.go:82] Alloted 128MB cache
and 1024 file handles to /home/lihe/桌面/chain/chaindata

I0707 00:45:43.726008 ethdb/database.go:169] closed db:/home/li-
he/桌面/chain/chaindata

I0707 00:45:43.728913 ethdb/database.go:82] Alloted 128MB cache
and 1024 file handles to /home/lihe/桌面/chain/chaindata

I0707 00:45:43.908795 ethdb/database.go:82] Alloted 16MB cache
and 16 file handles to /home/lihe/桌面/chain/dapp

I0707 00:45:43.969506 core/genesis.go:92] Genesis block already
in chain. Writing canonical number

I0707 00:45:43.980337 eth/backend.go:274] Successfully wrote
custom genesis block: 6e92f8b23bcdfdf34dc813cfaf1d84b71beac8053
0506b5d63a2df10fe23a660

I0707 00:45:43.980618 eth/backend.go:184] Protocol Versions:[63
62], Network Id: 95518

I0707 00:45:43.981567 core/blockchain.go:204] Last header: #81
[6193c4b0…] TD = 10836704
```

```
    I0707 00:45:43.981645 core/blockchain.go:205] Last block: #81
[6193c4b0…] TD = 10836704

    I0707 00:45:43.981677 core/blockchain.go:206] Fast block: #81
[6193c4b0…] TD = 10836704

    I0707 00:45:43.985253 p2p/server.go:313] Starting Server

    I0707 00:45:45.834488 p2p/discover/udp.go:217] Listening, eno-
de://134881790e54c803955715e3661c27f91caaf499be813e29c9f986e2eac
62d47e02b13a8e51776c1caea554655614ed26ce0185d84e626da7ac48a83a601
13ff@[::]:30303

    I0707 00:45:45.835853 node/node.go:366] HTTP endpoint opened: ht-
tp://localhost:8545

    I0707 00:45:45.848008 p2p/server.go:556] Listening on [::]:30303

    I0707 00:45:45.849731 node/node.go:296] IPC endpoint opened: /
home/lihe/桌面/chain/geth.ipc

Welcome to the Geth JavaScript console!


instance: Geth/v1.5.0-unstable/linux/go1.5.1/PICCetherum

coinbase: 0x93509a2f4b2b974b07ef0b52e07c3992601f5de1

at block: 81 (Tue, 05 Jul 2016 21:02:25 CST)

datadir: /home/lihe/桌面/chain

modules: admin:1.0 debug:1.0 eth:1.0 miner:1.0 net:1.0 personal:1.
0 rpc:1.0 txpool:1.0 web3:1.0

    >
```

当看到"Listening on [::]:30303"和"Welcome to the Geth JavaScript console!"的提示时,说明已经启动成功。

注意:如果想将 Ubuntu 作为永久区块链节点使用,则当使用 nohup 命令时，Geth 启动参数 console 必须去掉，否则 Geth 会自动停止。

2. 在 Windows 下启动区块链节点

进入 Windows 下 Geth 的目录，放置配置好的 piccgenesis.json 文件，执行如下命令：

```
geth  --datadir "%cd%\chain" init piccgenesis.json
创建数据存放地址并初始化创世块
Geth  --identity "PICCetherum" -rpc --rpccorsdomain "*" --
datadir "%cd%\chain" --port"30303"  --rpcapi"db,eth,net,web3"
--networkid 95518 console
```

当看到"Listening on [::]:30303 和 Welcome to the Geth JavaScript console!"的提示时，说明已经启动成功。

2.8.5 使用节点创建账号

启动节点成功后，会进入 Geth 的命令行模式，输入如下命令：

```
personal.newAccount()
```

系统会提示用户输入账号密码，并确认，最后会显示一个新生成的账号。

2.8.6 Windows 下启动私有链图形节点

首先按上面的步骤启动 Geth 并创建了账号，然后解压缩 Ethereum - Wallet，运行 Ethereum - Wallet.exe，即启动成功。如果区块链正常的话，则在图 2 - 16 所示界面的右上角显示 PRIVATE - NET，单击 LAUNCH AP-PLICATION 进入图形界面即可。

图 2 - 16 私有链启动画面

2.8.7 连接其他节点

首先要知道自己的节点信息,在 Geth 命令行界面下输入命令(注意大小写):

```
admin.nodeInfo
```

系统会显示:

```
enode:
"enode://1e3c1727cd3bee9f25edeb5dbb3b880e03e41f8eec99566557f3ee
0422734a8fcad17c161aa93d61bdbfb28ed152c143c7eb501db58bc63502a104a
84b62d742@0.0.0.0:30303"
```

其中"enode://1e3c1727cd3bee9f25edeb5dbb3b880e03e41f8eec99566557f3ee
0422734a8fcad17c161aa93d61bdbfb28ed152c143c7eb501db58bc63502a104a8
4b62d742@0.0.0.0:30303"就是自己节点的信息,注意要把"0.0.0.0"换成你自己的 IP。将这个信息发送给其他节点,在其他节点的命令行中输入:

```
admin.addPeer('enode://1e3c1727cd3bee9f25edeb5dbb3b880e03e41f8
eec99566557f3ee0422734a8fcad17c161aa93d61bdbfb28ed152c143c7eb501
db58bc63502a104a84b62d742@192.168.1.101:30303')
```

添加成功后,输入 admin.peers 会显示出新添加的节点。

2.8.8　使用节点进行挖矿

在 Geth 命令行界面下,输入 miner.start()即启动挖矿,挖矿后会不停刷屏,输入 miner.stop()即停止,忽略因刷屏而导致的命令不全,命令会正常执行。

到这一步,我们已经搭建了一个私有链的网络,可以像其他区块链一样不停地扩充这个网络。

第 3 章

智能合约和 DApp[*]

---

* 本章由李赫完成。

本章主要讲解智能合约和 DApp 的相关知识。智能合约和 DApp 在不同的区块链上具有普遍的通性，很多文章直接讲其原理，固然深入本质，但是初学者却难以理解，因此本章节采用第一个支持图灵完备智能合约，也是目前全球最活跃的区块链平台——以太坊（Ethereum）作为载体进行讲解，结合一些实际操作，加深读者的感性理解及理性理解。

提示：以太坊为高风险项目，本章仅作技术分析，并非投资推荐，请读者注意！

3.1 智能合约简介

3.1.1 重要意义

以比特币为代表的区块链 1.0 具有去中心化、数据透明、不可篡改、集体维护、永久运行等典型特点，但是缺少真正的可二次编程能力，功能固定单一，仅限于数字货币发行和支付手段的去中心化。在这个时期，除了比特币，虽然大量的、有一定特色的类似应用被创造出来，比如莱特币、域名币、彩色币等，但是这些应用依旧属于区块链 1.0 的范畴，应用行业主要是在小额支付、外汇兑换、博彩等。

以以太坊为代表的区块链 2.0 的最大标志是智能合约的应用。比特币被称之为"全球账簿"，相应地，以太坊可以看作一台"全球计算机"：实现了区块链系统的图灵完备,可以在区块链上传和执行应用程序,并且程序的有效执行能得到保证,在此基础上首次实现了智能合约的功能。通过智能合约,区块链不仅仅是一个定位于某种功能、设计固化的系统,而且变成了一个平台,真正形成了可编程的信任网络,极大地拓展了应用的领域,比如资产交易、数字公证、P2P借贷、互助保险等,从而使得区块链的未来有了无限可能。

3.1.2 智能合约定义

智能合约(smart contract)又称智能合同,这个术语至少可以追溯到1995年,是由跨领域法律学者尼克·萨博(Nick Szabo)提出来的,他发表在自己的网站的几篇文章中提到了智能合约的理念。这里将网络上的共同约定总结如下:智能合约是一种由事件驱动的、具有状态的、获得多方承认的、运行在可信网络之上的,能够根据预设条件自动处理信息和资产的协议。

智能合约的最大优势是利用程序算法替代人来仲裁和执行合同。典型的智能合约模型如图3-1所示。

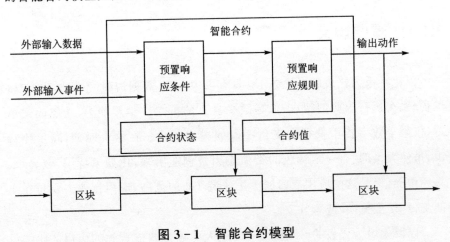

图3-1 智能合约模型

从图 3-1 可以看出,智能合约部署在区块链的某个区块上,当外部的数据和事件输入到智能合约时,根据内部预设的响应条件和规则,输出相应的动作,并将结果记录在区块上。同时智能合约内部有自己的合约状态和合约值,随着不同的外部条件变化,其自身状态也在变化。

3.1.3　智能合约与法律合约

劳伦斯·莱斯格在其 2003 年出版的《代码:塑造网络空间的法律》一书中,认为网络空间并非一个超越管理的区域,而管理者就是代码,即塑造网络空间的各种软件和硬件。互联网正由一个自由论者的乌托邦变为一个被商业利益控制的处所。如果任其发展,互联网将变为一个完美的控制工具——不仅受控于政府,更主要的是受控于软件编程者。从某种意义上说,自动贩卖机是智能合约的"始祖",因为它的硬件和软件执行了一个简单的合同协议,任何一个向自动贩卖机投钱的人都会得到对应的商品。作为一名网络原创思想家,劳伦斯·莱斯格提出了一个划时代的伟大构想——代码即法律(Code is law),但是在很长一段时间内,实践远远落后于这个理论,而现在通过区块链和智能合约,这个构想首次具有了实现的可能性。

智能合约的诞生,需要两个重要的基础,一个是共识机制,另一个是智能资产。

共识机制是指多方在一定条件下,对约定承诺的执行机制,保证在各种情况下,能够准确无误地完成最初预设的效果。它是智能合约运行的必要条件,在多方参与的情况下,只有达成共识,形成一个可信任的自动执行空间,才能使智能合约实现不可抵抗的作用力。经过十几年的发展,这种共识机制以区块链协议的形式完美呈现。

智能资产不同于我们所说的数字资产,它是一种可编程的资产,同时受到技术手段的保护,具有强烈的归属特性,即归属于个人的智能资产只有在归属人授权的情况下才能被处理,任何第三方通过技术手段均无法割裂智能资产与归属人的关系。而我们平常所拥有的数字资产,只有法律层面的保护,理论上银行通过一条指令就可以轻易转移客户在银行的任何资产,而不需要得到授权,他们之所以不这样做只是因为害怕法律的制裁。在智能资产时代,银行无论用任何技术手段,都是无法私自处理客户的资产的,这并不是因为惧怕法律,而是智能资产不允许这种情况的出现。若缺少智能资产,则智能合约将无法执行。区块链的出现,比如比特币、以太币等各种虚拟货币,很好地实现了智能资产的特性。目前来说,区块链还只是实现了虚拟世界的资产,未来有可能随着物联网的发展,物理实体与互联网进行交互,通过软件可以控制各种物理实体,实现物理空间到数字空间的资产映射,真正实现一个丰富的智能资产世界。

需要注意的是,智能合约因为包含"合约"这个词让很多人误解。虽然合约是法律上的一个专业术语,但是一个智能合约并不一定具备合法性,法律是由人定义的规则,智能合约的内容很可能符合代码的规则却违反了法律的规则,比如利用区块链技术赌博。

智能合约的产生使得数字世界和法律世界出现了完全不同的架构体系,如图3-2所示。

法律空间的核心主体是人,不同角色的人通过虚拟的规则互相约束,构成了一个法律空间的架构,而法律仅仅是一个虚拟的约束,所有的操作本质上都是由人来完成的:处理违反规则的人是法庭和警察,任意一份合同的执行都由参与人来主动完成,同时还需要一个资产登记机构作为中介。因此,整个法律空间的架构运行效率低、不稳定因素多。与此形成强烈反差的是,数字空间中,智能合约是核心主体,参与者事先达成共识,然后将协议内容和智能资产部署在智能合约上,当智能合约触发预设条件时,自动按照设定规则进行资产处理。由于智能资产是事先放到智能合约中的,不像法律空间中是在事后进行资产处理,并且智能合约执行时完全可信和不可抗拒,因

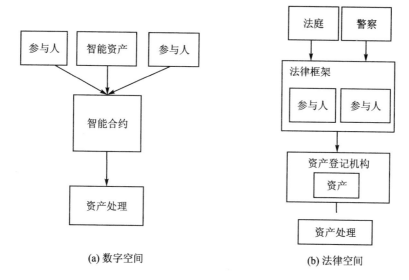

(a) 数字空间   (b) 法律空间

图 3-2 数字空间和法律空间对比

此可以说在数字空间中,理论上不存在违约的情况。

　　智能合约与法律合同相比,还有很多的不同,二者可以说有交集但不是谁包含谁的关系,而且适用的场景也有所不同,从目前的技术水平来说,其对比如表 3-1 所列。

表 3-1 法律合同与智能合约的对比

法律合同	智能合约
适合非常需要主观能动性(比如需要人去判别)的约定	适合可数字化的约定
因需要法律体系的大量人力保障,成本较高	无中介化,不需要费用高昂的人力,成本低
事后执行,参与者根据最终结果来处理合同	事前预防,执行前已经提前将待处理的数字资产放置于合约内,由合约根据条件自动处理
执行保障依赖于法律制裁	执行保障依赖于抵押品或保证金(智能资产)
执行范围受限于参与人所在的区域	执行范围不受地域限制,是全球性的

需要注意的是,前面所说的只是智能合约未来在数字世界的理想情况,实际应用中还有很多的问题,比如 2016 年人们曾利用以太坊智能合约在区块链上构建了名为 The DAO 的完全自治组织,但因为存在漏洞,被黑客盗取了当时价值 5 亿人民币的数字资产,而以失败而告终。理想很丰满,现实很骨感,要实现完美的去中心化互联网新世界,我们还有很长的路要走。

3.2 智能合约的编写和调试

3.2.1 智能合约的基本原理

智能合约是一段代码和数据的集合,可以部署在区块链上运行。如果做比喻的话,智能合约更像是 JAVA 程序,JAVA 程序通过 JAVA 虚拟机(JVM)将代码解释成字节进行执行,区块链的智能合约通过区块链虚拟机解释成字节码进行执行,如果你学过汇编,就会发现编译后的字节码与汇编类似。同时智能合约有自己的账户,在时间或事件的驱动下能自动执行一些功能,如可以在相互之间传递信息,修改区块链的状态、账户信息等。

以太坊的智能合约运行于本身的以太坊虚拟机(EVM)中,最大的特点是图灵完备,通俗来说就是可以完全模拟一台计算机所能做的所有事情。大家熟知的比特币其实也可以执行一些简单脚本,但它不是图灵完备,比如循环指令比特币就无法执行。

在以太坊中,以太坊虚拟机(EVM)不仅被沙箱封装起来,事实上它被完全隔离运行,也就是说运行在 EVM 内部的代码不能接触到网络、文件系统或者其他进程,甚至智能合约之间也只有有限的调用。

在其他的区块链上也普遍采用虚拟机机制进行智能合约的运行,比如 lisk 项目通过使用 nodejs 的 VM 模块实现沙箱机制,VM 模块是对

JavaScript v8 引擎的封装,可以用来执行纯粹的 JavaScript 代码。

3.2.2　智能合约语言

以太坊的智能合约最终编译为字节码运行,但开发者不可能直接编写以太坊虚拟机(EVM)字节码,因此以太坊提供了几种编写智能合约的高级语言。

Solidity:类似 JavaScript,这是以太坊推荐的旗舰语言,也是最流行的智能合约语言。具体用法参考 Solidity 文档(https://solidity.readthedocs.io/en/latest/)。

Serpent:类似 Python 风格,参见 https://github.com/ethereum/wiki/wiki/Serpent。

开发者可以根据不同的习惯选择不同的高级语言,目前最流行的是 Solidity(本章以此为例)。

智能合约语言并非只有 Solidity 一种。在其他的区块链项目中,有的像以太坊一样采用自定义语言,有的则利用现有的语言作为智能合约的语言,比如 hyperledger - fabric 项目中,使用 GO、JAVA 语言,Lisk 项目中使用 JavaScript 语言。

3.2.3　智能合约的集成开发环境(IDE)

IDE 是集成开发环境的缩写。就像开发其他语言一样,智能合约语言也有自己的 IDE。如果是使用现有语言,比如 lisk 项目中基于 JavaScript 的智能合约,使用现有的 IDE 开发就可以;而以太坊自己创造了 Solidty 语言,同时也开发了一些专用的 IDE,具体如下:

browser - solidity:该项目是智能合约浏览器版本的开发环境,可以支持在浏览器中直接开发、调试和编译,对于初学者来说,可以快速上手,不需要安装,非常方便,直接访问地址 https://ethereum.github.io/browser-solidity/即可(本章采用此 IDE 进行开发)。

Ethereum Studio:第三方公司开发的企业版智能合约在线 IDE,功能强大,免费使用,可以作为企业级开发的一个工具(访问地址:https://live.ether.camp/)。

Visual Studio 2015:没错,就是微软的 VS 2015,微软已经把以太坊的智能合约开发功能整合了,由此可以看出微软对以太坊的重视程度。

3.2.4 使用 IDE 编写智能合约

因为这里只是为了加强读者的感性认识,并非作为一个程序员的教程,因此代码编写的部分,主要以介绍流程为主,尽量不涉及过多的技术细节。

首先打开 browser-solidity,IDE 的主要功能如图 3-3 所示。

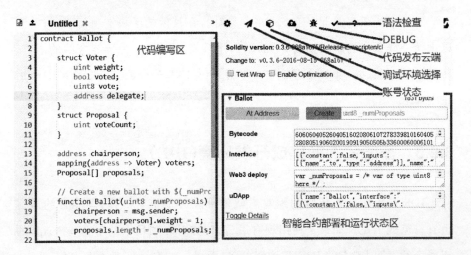

图 3-3 以太坊 IDE 示意图

可以看到左侧是代码编写区,右侧有语法检查、DEBUG、代码发布、调试环境设置、调试账号状态、智能合约的运行状态等功能,在左侧的代码编辑框就可以进行代码编写,IDE 将自动检测语法错误,并显示在右侧的窗口上,如图 3-4 所示。

图 3-4 智能合约代码编写示意

从图 3-4 中可以看到,提示有未声明的对象,即在 14 行的错误,很明显是笔者一个结构对象 candidates 误写为 candidates2 了,修改一下即可校验通过。

3.2.5 调试智能合约

目前以太坊有两种常用的调试方式,一种是采用本地虚拟机调试模式,另一种是连接到本地的私有链进行调试。其他区块链的调试方式也大致如此,可以说智能合约的调试和普通程序代码调试并没有太大区别。

本地虚拟机调试，就是不连接任何一个节点，在内存虚拟出一个以太坊节点进行调试，优点是速度快，配置简单，缺点是因为只是虚拟调试，可能最后放到真正的区块链节点上运行智能合约会和预想的结果不同。智能合约代码编写好后，在 IDE 中单击 Create 按钮即能将智能合约部署到内存中，并进行调试，如果部署成功就会出现智能合约的函数运行按钮和参数输入框，然后就可以调试智能合约了。

连接到本地私有链调试，就是通过以太坊提供的 RPC 接口，连接本地的以太坊节点，实际部署并调试智能合约，缺点是速度较慢，配置复杂，优点是能够真实运行智能合约，最大限度地防止出错，在 DEBUG 环境设置中，选择 Web3 Provider 即为设置本地虚拟调试模式，通过连接 http://localhost：8545 进行智能合约在区块链的实际部署和调试。

3.3　智能合约的部署和运行

3.3.1　部署第一个智能合约

本章的智能合约采用以太坊官方的示例合约，功能就是在区块链上存储一个数字，并能够读取出来。代码如下：

```
contract SimpleStorage {

    uint storedData;

    function set(uint x) {              //此函数实现存储功能

        storedData = x;

    }

    function get() constant returns (uint retVal) {

                                       //此函数实现读取功能
```

```
        return storedData;
    }

}
```

读者即使没有学过 Solidity 语言也可以大致看出,该合约 set 函数存储一个数字在 X 变量中,get 函数从 X 变量中将这个数字读取出来。下面对这个合约进行部署。

1. 启动以太坊客户端

笔者在内网部署了一套区块链的私有链,可以迅速地获取以太币以及其他资源,方便进行各种测试,推荐区块链初学者也搭建一套私有链测试环境进行学习。

启动以太坊节点程序 Geth 和 Ethereum – Wallet 图形界面(本章使用 Geth 1.41 版本,Ethereum – Wallet 0.8.1 版本),启动后的界面如图 3 – 5 所示,Ethereum – Wallet 会显示红色的 PRIVTE – NET(私有链)标记。

图 3 – 5　以太坊钱包界面示意图

2. 创建两个钱包

单击 ADD ACCOUNT 按钮添加一个钱包,程序会弹出一个对话框,提示输入两遍密码;输入完密码后,账号即创建成功。采用同样的操作创建其他的账号。

从图 3-5 所示的截图中可以看到,有三个账号,即 MAIN ACCOUNT、ACCOUNT2 以及 ACCOUNT3。

3. 挖矿获取一些以太币

账号创建后,还没有以太币,需要在私有链上挖矿,切换到 Geth 界面,输入如下命令:

```
miner.start(1)
```

miner 命令括号中的"1"表示用一个线程进行挖矿(见图 3-6),如果不配置,就会让 CPU 全速运行,影响计算机的使用。

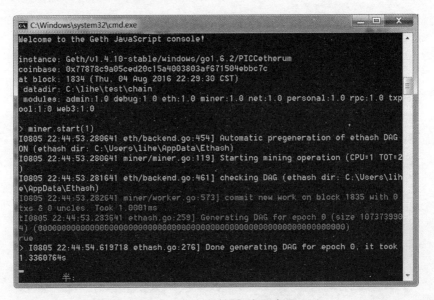

图 3-6　以太坊挖矿示意图

运行一会儿后,主账号就会获取很多以太币,这个时候屏幕会快速刷屏,不用管,输入命令 miner.stop()停止挖矿。

4. 将一个钱包的以太币转到另一个钱包中

单击 ACCOUNT2 账号,进入账号详情界面,单击右侧的 COPY address,把 ACCOUNT2 的地址复制下来(见图 3 - 7),系统会提示用户现在处在一个测试网络中,不要转入真正的以太币到这个账号。

图 3 - 7　复制账号信息

单击钱包中的 SEND 按钮,从 MAINACCOUNT 账号给 ACCOUNT2 账号转入一定的以太币(见图 3 - 8),同时可以看到执行这笔交易的费用是 0.000 42 个以太币(见图 3 - 9)。

单击 SEND 按钮后会提示输入密码,但这时还没有发送成功。根据区块链的交易规则,需要矿工的确认,并且每笔交易需要确认 12 个块,一个块是 14 秒的生成时间。切换到 Geth 程序,输入挖矿命令,直到 ACCOUNT2 上显示 100 个以太币,然后停止挖矿。

图 3 - 8　账号发送以太币配置 1

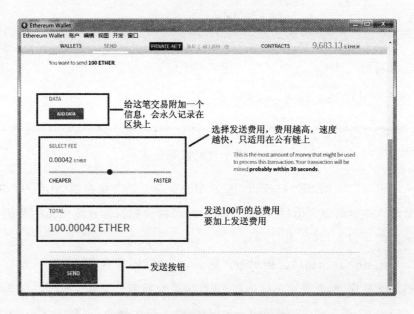

图 3 - 9　账号发送以太币配置 2

5. 部署智能合约

单击 CONTRACTS 按钮,进入智能合约管理界面,单击 DEPOLY NEW CONTRACT 开始部署智能合约,选择部署智能合约的账号,并输入智能合约的代码,如图 3 - 10 所示。

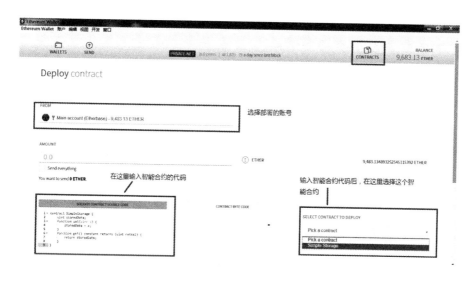

图 3 - 10 部署智能合约

输入完毕后单击 DEPLOY,系统会提示用户输入账号和密码,因为部署智能合约是需要费用的。这个时候是看不到部署的智能合约的,切换到 Geth 界面,进行挖矿,在 12 个块后,智能合约就能确认并显示出来。

3.3.2 运行智能合约

1. 在本节点上运行智能合约

单击 CONTRACTS 按钮进入智能合约界面(如图 3 - 11 所示),可以看到刚才部署的智能合约 SimpleStorage,单击进入该智能合约,进入详情界面,其中有智能合约写入区域和读取区域,首先启动 Geth 的挖矿,然后在写入区域选择相应的智能合约函数 SET,在下面的数值输入框中输入想设置的数值,运行一会儿后就可以在读取区域看到智能合约函数 GET 中 Retval 的返回值有变化。

其他智能合约的运行也是一样的,无非就是函数多点,输入多点。

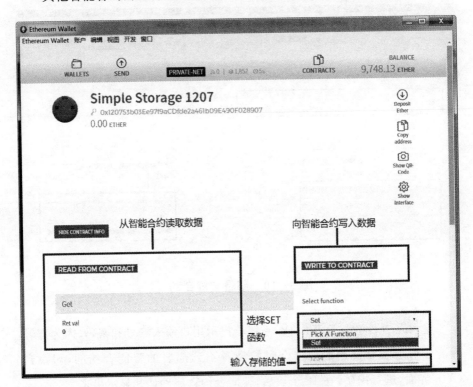

图 3 - 11　智能合约运行示意图

2. 在其他节点上运行智能合约

此时的智能合约只有自己能看到,别人是无法看到和运行的,如果其他人要运行该智能合约则需要提供一些信息,即智能合约的 ABI 和地址。

进入刚刚部署的 SimpleStorage 智能合约界面,可以看到右侧有四个按钮:

Deposit Eher：向该智能合约发送以太币。

Copy address：拷贝该智能合约的地址。

Show QR – Code：显示一个二维码，如果用手机扫描的话，显示该智能合约的地址。

Show Interface：显示该智能合约的 JSON 接口，也就是 ABI。

首先单击 Copy address 按钮，复制该智能合约的地址，然后单击 Show Interface 按钮将智能合约的 JSON 接口全部复制出来，在另一个需要运行智能合约的节点打开 Ethereum – Wallet，打开 CONTRACTS 界面单击 WATCH CONTRACTS 添加一个智能合约。

如图 3 – 12 所示，CONTRACT NAME 随便填，CONTRACT ADDRESS 中填写智能合约地址，JSON INTERFACE 中填写刚才在 Show Interface 中复制的内容。单击 OK 按钮后，就可以看到并运行这个智能合约并运行了。

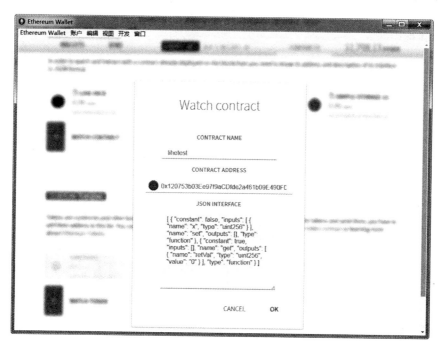

图 3 – 12 其他节点添加智能合约示意图

3.4 智能合约的部署原理

3.4.1 智能合约的部署架构

这里介绍的智能合约的部署虽然是在图形化界面中编译和执行的,但其实最主要的是依赖于后台运行 Geth 的节点,此时 Geth 提供了一个 RPC 的接口向图形化界面的钱包提供区块链的信息。

我们部署一个智能合约时,首先 Ethereum-Wallet 调用 SOLC 智能合约编译器将代码编译成 EVM 字节码,然后将 EVM 字节码通过 Geth 的 RPC 接口发送到以太坊网络,经过全网验证后,同时写入每个 Geth 管理的区块链中。

智能合约部署架构如图 3-13 所示。

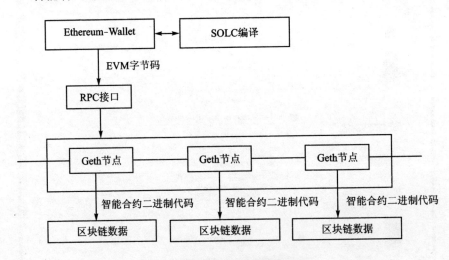

图 3-13　智能合约部署架构

3.4.2　部署的数据流

首先,代码经过 SOLC 编译变为了二进制码,然后通过一笔交易来创建智能合约。该笔交易包含了创建者账号、智能合约内容、智能合约的地址这几个关键信息,其中智能合约地址的生成由创建者的账号和发送的交易数作为随机数输入,通过 Kecca - 256 加密算法重新创建一个地址作为账号。智能合约部署的数据流见图 3 - 14。

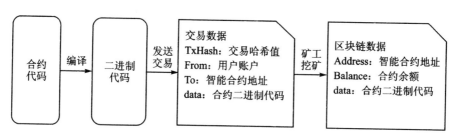

图 3 - 14　智能合约部署的数据流

部署过程中需要通过交易来部署,同时数据要存储到区块链上,这些需要用到 GAS。

1. 智能合约的交易(Transactions)

一笔智能合约交易是一条消息,从一个账户发送到另一个账户。交易可以包含二进制数据(payload)和以太币。

如果目标账户包含代码,则该代码和输入数据会被执行。

如果目标账户是零账户(账户地址是 0),则交易将创建一个新合约。正如前面所讲的,这个智能合约地址不是零地址,而是由合约创建者的地址和该地址发出过的交易数量计算得到的。创建合约交易的 payload 被当作 EVM 字节码执行。执行的输出作为合约代码被永久存储。这意味着,为了创建一个合约,用户不需要向合约发送真正的合约代码,而是发送能够返回可执行代码的代码。

2. GAS

以太坊上的每笔交易都会被收取一定数量的 GAS,GAS 的目的是限制执行交易所需的工作量,同时为执行支付费用。当 EVM 执行智能合约时,每行代码的执行均需要支付 GAS 作为矿工的费用。其实 GAS 就是以太币比较小的单位,如果 1 以太币比作 100 元,那么 GAS 可以看作 1 分钱。但如果直接采用以太币作为 GAS 则会有问题,因为以太币是需要大家买卖的,市场会有价格波动。可能会出现这样的状况:比特币一天跌 50% 或涨 50%。因此,如果直接用以太币作为代码执行的费用支付手段,有可能今天做一个加法需要十块钱,明天做一个加法因为以太币涨了,需要一百块钱,这种计算的成本是不能接受的。所以,这里引入 GAS 来解耦,把市场的波动和计算的开销解耦,也就是说以太币和 GAS 之间是有汇率的,以太币涨没关系,只要 GAS 价格下降就可以了。它可以保证做同样的计算,消耗的法币是一致的。

GAS price(GAS 价格,以太币计)是由交易创建者设置的,发送账户需要预付的交易费用等于 GAS price 乘以 GAS amount。如果智能合约执行结束还有 GAS 剩余,那么这些 GAS 将被返还给发送账户。前面曾经提到部署智能合约使用了 0.000 42 个以太币,换算成 GAS 就是 21 000 个 GAS。

无论执行到什么位置,一旦 GAS 被耗尽(比如降为负值),将会触发一个 out - of - GAS 异常。当前调用所做的所有状态修改都将被回滚,但是代码执行的费用是不会退给原账户的。

3.5　智能合约的运行原理

3.5.1　基本原理

智能合约是部署在区块链的代码,区块链本身不能执行代码,代码的执行是在本地的 EVM 中,实际上,部署在区块链上的代码是能够在本地还原成原智能合约代码的代码,可以将区块链理解为一个数据库,而客户端从数据库中读取了存储的智能合约运行代码,并在本地运行后,将结果写入区块链这个数据库中。

从图 3-15 中可以看出,首先客户端通过发起一笔交易,告诉以太坊节点需要调用的函数及相关参数。然后所有的以太坊节点都会接收到这笔交易,节点会根据交易提供的函数及参数从区块链这个数据库中读取存储的智能合约运行代码,在本地 EVM 中运行出结果。最后为避免节点作恶,节点运行智能合约的结果将与其他以太坊节点进行对比,确认无误后才将结果写入区块链中,从而实现智能合约的正确执行。

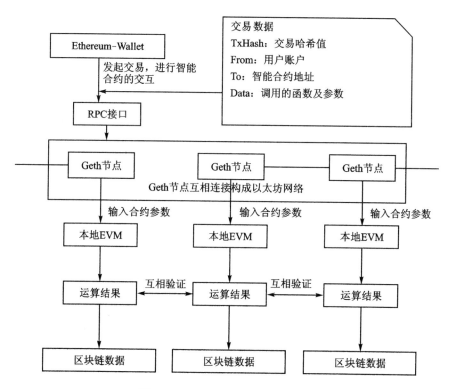

图 3-15　智能合约执行原理

本质上,以太坊的钱包也是智能合约的一个应用,以太坊搭建的是一个可供编写各种应用的平台。

3.5.2　面临的问题

智能合约因为是在全网所有节点同时运行的,相比于传统的 IT 系统,它需要面临一个很重要的问题,即如果智能合约出现了死循环怎么办？比如有些程序员因大意导致的 BUG 或者某些攻击者恶意发布的攻击程序。在这种情况下,如果没有死循环的退出机制,就会造成全网的瘫痪。

对于此类问题,一般有以下几种解决方法。

1. 用经济手段进行限制

该方法的原理是让智能合约每一行代码的执行均需要一定的费用(比如以太币),如果遇到死循环,那么代码的执行就会大量消耗费用,直到运行智能合约的账号里面的余额消耗完为止,期间执行智能合约所消耗的费用并不会退还,而是全部作为矿工费发送给矿工。该方法普遍应用于公有链,以太坊是其中的典型代表,既实现了智能合约的图灵完备,又避免了死循环的威胁。

2. 放弃图灵完备

该方法的原理就是禁止智能合约使用循环指令,比如比特币的脚本代码中就不支持循环,还有很多已经发布的基于区块链的数字资产平台,就是把智能合约固化于区块链中,只能实现特定的功能。图灵完备其实是一把双刃剑,在提供强大功能的同时,也引入了大量的风险,比如以太坊虽然充分考虑了智能合约各种代码的费用代价,可还是被黑客发现了一些薄弱点,使用了很少的运行费用,就消耗了大量以太坊节点的计算资源,一度导致以太坊全网瘫痪,最后经过紧急程序升级,提高了某些智能合约代码的运行费用,才使全网恢复正常。

实际应用中,并不是所有的应用场景都需要一个图灵完备的系统。通过放弃图灵完备,可以保证系统的稳定运行。对比使用经济手段的方法,该方法不需要考虑复杂经济模型和难以预测的情况,可以防范很多未知的风险,使系统稳定性大幅提高,在系统功能和稳定性上取得了一个较好的平衡。

3. 由专业运维人员处理

该方法的原理是各个节点的运行和维护是由专门的人员负责的,一旦智能合约出现了死循环的情况,运维人员会第一时间终止智能合约的运行,并进行修复。此方法无法应用于公有链,常见于联盟链,典型的代表是 hyperledger - fabric 项目,因为联盟链往往应用于企业间业务,运行的节点数量往往很少,并配有专业的运维部门负责,能够实现实时监视和快速处理,同时企业智能合约的编写和部署需要开发部门的检验和授权,整体风险较低且有较强的可控性,因此可以充分授权智能合约进行各种功能的编写。

3.6 智能合约与 IT 系统的本质区别

随着智能合约在网络上的解读越来越多,比如数字承诺、自动化智能、自金融、代码即法律等,导致很多初学者对智能合约的理解越来越糊涂。剥开智能合约的层层包装,本质上它就是一个程序,唯一不同的是这个程序运行在区块链上,你可以使用现有的程序语言(比如 JAVA 语言)来编写,当然与传统 IT 系统一样,不同的区块链也可以自定义自己的编程语言和编译器。

为什么同样是程序,运行在区块链上的就叫智能合约?因为智能合约运行时继承了区块链的特性,从而可以实现传统 IT 程序不能实现的一些功能,使其特性类似于纸质合同,当不同的节点运行智能合约时,就好像它们之间执行了一个可信任的合同一样,因此称之为智能合约。与传统的 IT 程序相比,智能合约有以下四点不同。

1. 数据透明

由于区块链上所有的数据都是公开透明的,智能合约寄生在区块中,因此本身的代码以及数据处理过程也是公开透明的,运行时任何一方都可以查看其代码和数据,运行结果也通过区块链网络同步到每个节点。传统的 IT 系统如果完全公开运行状态,并开放接口允许其他节点访问数据的话,则无法从安全性上保证系统的正常运行,黑客可以轻易地修改数据甚至入侵系统,因此传统 IT 系统无法在一个开放的互联网环境下做到数据的公开透明。

2. 不可篡改

因为区块链本身所有的数据不可篡改,因此部署在区块链上的智能合约代码以及运行产生的数据输出也是不可篡改的,运行智能合约的节点不必担心其他节点恶意修改代码与数据,不管是节点的管理人员还是黑客入侵控制了某个节点,都不能修改区块链上的数据。传统的 IT 系统采用集中式部署和管理,数据的修改非常容易,甚至如果黑客入侵了某个系统,也可以轻易地篡改数据而不被发现。

3. 永久运行

在全球性质的区块链网络中,支撑其运行的节点往往达到数百甚至上千个,不断有大量的节点进入和退出,部分节点的失效并不会导致智能合约的停止,其可靠性理论上接近于永久运行,这样就保证了智能合约能像纸质合同一样每时每刻都有效。

4. 互相校验

继承区块链对每笔交易都要进行全网所有节点验证的特性,智能合约如前面的运行原理所述,是所有节点同时运行同一代码并对结果进行互相校验,只有当大部分节点输出结果一致时,才将输出写入区块链中作为正式数据,因此恶意修改部分节点的智能合约运行输出并不会影响全网最终的运行结果,有效实现了数据的防篡改和一致性。

3.7 智能合约如何与其他 IT 系统对接

区块链由无数的节点构成了一个完整的生态系统。在这个生态系统中,数量众多的智能合约在不停地运行着,信息不停地在内部产生、传输和记录,价值随着信息的流动而转移。任何一个生态系统都不是万能的,都需要与外部进行信息交换。企业应用区块链时,也需要考虑现有 IT 系统和区块链的融合。但是在区块链中,智能合约为保证整个区块链网络的安全,被严格限制了运行时的权限,不能像传统 IT 程序那样主动与外部 IT 系统交互,那么区块链以及智能合约如何和其他 IT 系统对接呢?

一般来说,各种类型的区块链节点都提供了通信端口开放给其他 IT 系统对接,比如以太坊提供了 JSON - RPC、web3.js、IPC 等接口,Hyperledger - fabric 1.0 提供了 gRPC 接口和不同语言的 SDK,从而允许应用程序通过接口实现注册用户,查询区块链,调用智能合约、发送交易等功能。需要注意的是,在公有链里,外部 IT 系统和智能合约的交互中,所需的数据必须由外部系统主动推送给区块链,外部系统获取区块链数据也往往采取主动询问的方式。而在联盟链中,比如 Hyperledger 为了方便工业级应用,设定了区块链的节点可以在网络上监听并发送事件,这些事件会被一个或多个事件适配器处理,允许将相关信息主动投递到其他 IT 设备中。

下面用以太坊作为案例,详细讲解外部 IT 系统交互的方式和方法。

如图 3 - 16 所示,外部的 IT 系统可以通过 web3.js 组件,将命令转化为区块链能理解的指令,然后通过 JSON-RPC 投递到某个指定的以太坊节点中,随后这条指令会通过以太坊网络迅速传递到所有的以太坊节点上。

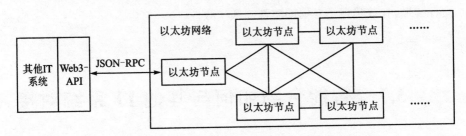

图 3 - 16　其他 IT 系统和以太坊对接

3.7.1　通过 JSON - RPC 接口调用智能合约

JSON - RPC 是一种以 JSON 为消息格式的远程调用服务,它是一套基于 Internet,允许运行在不同操作系统、不同环境的程序,互相调用的规范和一系列的具体实现。这种远程过程调用可以使用 http 作为传输协议,也可以使用其他传输协议,传输的内容是 JSON 消息体。以太坊的每个节点在 8545 端口提供了 JSON RPC API ,可以执行 Web3 库的各种命令,比如向以太坊钱包等图形化客户端提供区块链的信息,默认访问地址为 http://local-host:8545。

假设我们已经部署了如下合约:

```
contract Multiply2 {
    function multiply(uint input) returns (uint) {
        return input * 2; //将输入的数字乘以 2 再返回
    }
}
```

合约功能很简单,就是把输入的数字乘以 2 再返回来。我们采用发送交

152

易的方式来调用这个智能合约,通过使用 curl 直接发送相关命令字符串到以太坊节点的 8545 端口来实现。curl 是一个利用 URL 语法规定来传输文件和数据的命令行工具,支持很多协议,可非常方便地用于各种接口调试。查阅以太坊的 RPC 接口手册可以发现,如果发送交易,则需要用到 eth_sendTransaction 指令,其中包含如下几个重要参数:

参数 From:是调用账户的地址,这里使用已有的账号 0x3fc6596d994 db525fa136619ce098c99070d103c。

参数 to:是要调用的合约地址,合约已经部署到了 0x5edc1cc96879 e5ff3dc753531f89160bc0b1dd3f。

参数 Data:是比较复杂的参数,它包括了规定调用合约中哪种方法和哪个参数的具体数值。其设定遵循以太坊 Contract ABI 的相关规定,Contract ABI 是智能合约应用程序二进制接口,调用和执行智能合约均需要遵循该规范。在这个例子中,Data 由两部分组成,一个是要调用的智能合约函数 ID,另一个是调用函数对应的输入值。

首先获取函数 ID,我们需要调用的是 multiply(uint input)函数,根据 ABI 规定,它取 Keccak 算法的头 4 个字节,包括函数的参数类型,并进行十六进制编码。Keccak 算法作为 SHA－3 的加密标准,因此我们用以太坊自带的 SHA－3 加密命令获取:

```
> web3.sha3("multiply(uint256)").substring(0, 8)
> c6888fa1
```

得到结果为 c6888fa1。

然后对函数对应的输入值编码,只有一个 unit256 类型,假设输入值为 5。根据 ABI 规定,编码为 0000000000000000000000000000000000000000 0000000000000000000000005。将函数 ID 编码和输入值编码结合起来,最终

形成 Data 参数的内容 0xc6888fa100000000000000000000000000000000000
00000000000000000000000000000005。执行调用智能合约命令如下：

```
> curl --data '{"jsonrpc":"2.0","method": "eth_sendTransac-
tion", "params": [{"from": "0xeb85a5557e5bdc18ee1934a89d8bb402398
ee26a", "to": "0x6ff93b4b46b41c0c3c9baee01c255d3b4675963d", "data":
"0xc6888fa100000000000000000000000000000000000000000000000000000
0000000005"}], "id": 1}' localhost:8545
> {"id":1,"jsonrpc":"2.0","result":" 0x390979506d97d30e9efd47
7eb94b9c56f4fa988f40d834dcdf9a15a2623b67cf
```

可以看到返回的是一个 hash 值 0x390979506d97d30e9efd477eb94b9c56f4fa
988f40d834dcdf9a15a2623b67cf，即为此次交易的 hash 值，说明交易成功执
行。通过这个 hash 值，可以查询交易的具体详情，但是经查询发现，没有
5 * 2＝10 的函数运行结果，的确如此，智能合约不会记录运行结果，除非你使
用 print 函数将其保存在日志中，但是系统中的智能合约状态已经改变了。

　　以上即是一次从基础数据层面调用智能合约的例子。重新梳理一下流
程：首先对命令按照规则进行编码，然后通过 CURL 建立连接并发送编码后
的数据，最后接收返回的数据并将其显示为自然语言。我们看到 CURL 并
不是区块链自带的应用，但是通过遵循接口规范成功发送了交易，其实各种
区块链的钱包程序本质上也是类似 CURL 的 IT 程序，或者理解为节点的一
个图形化界面，通过 IPC 接口、RPC 接口等各种接口与区块链节点进行通
信，实现区块链操作的可视化。

　　同时也可以看到，直接通过接口和智能合约进行交互非常麻烦，也晦涩
难懂，而且无法立刻获取运行结果，因此为了方便开发者，以太坊在此基础
上包装了相关命令，开发了直观易懂的 Web3.js 接口。

3.7.2　通过 Web3 接口调用智能合约

为了方便开发者高效开发应用程序和 DAPP(去中心化应用),以太坊专门提供了 JavaScript API 接口,而这个接口就是由 Web3.js 库来提供和实现的。在接口中,Web3 作为一个对象出现,包含 eth、net、db 等子对象。通过 RPC 接口和本地的以太坊节点进行通信,运行在 RPC 层之上,对基础数据进行了包装和处理,不再需要处理原始的十六进制数据,而且使用 JavaScipt 语言,极大地提高了开发效率。除此之外,Web3.js 还是 NodeJS 中的一个模块,通过包管理工具 NPM 进行安装和配置,有着非常广泛的应用基础。

下面通过 JavaScript 应用 Web3 来实现对智能合约的调用。

首先应用 Web3 对象,并连接本地的 RPC 接口:

```
//引用 Web3,并创建一个实例

var Web3 = require('web3');

var web3 = new Web3();

//通过 web3 的 setProvider 方法连接 RPC 端口

web3.setProvider(new web3.providers.HttpProvider("http://local-
host:8545"));
```

其次获取智能合约的 ABI 和地址(这里智能合约部署的地址为 0x5edc1cc96879e5ff3dc753531f89160bc0b1dd3f):

```
//输入智能合约的源代码

var source = "" +

    "contract Multiply2 {\n" +
```

```
"    function multiply(uint input) returns(uint) {\n" +
"        return a * 2;\n" +
"    }\n" +
"}\n";
//编译源代码
var compiled = web3.eth.compile.solidity(source);
//获取编译后的智能合约 ABI
var abi = compiled.info.abiDefinition;
```

然后通过 ABI 和地址创建一个智能合约对象：

```
//使用 eth.contract 来定义一个合约类，定义的合约类遵从 ABI 定义
var myContract;
var Multily2;
myContract = eth.contract(abi);
//通过智能合约的部署地址以及 ABI 创建该智能合约的实例
Multily2 = myContract.at("0x5edc1cc96879e5ff3dc753531f89160bc0
b1dd3f");
```

最后直接与智能合约交互，在实例中能够调用的函数是 multiply，可以使用两种方法来调用 multiply 函数：sendTransaction(参数，{from：地址})和 call(参数)。

```
//下面的方式为通过交易进行调用，会改变智能合约在区块链上的
//状态，运算结果为 6，并返回交易的 hash 值
```

```
Multily2.multiply.sendTransaction(3,{from:address})
//下面的方式仅为调用智能合约,会直接返回运算结果 6
Multily2.multiply.call(3)

----------------------------------------------------
```

通过以上流程可以看到,Web3 能非常方便直观地和智能合约进行交互,其他的区块链也会提供类似的接口 api 或者 SDK,以方便开发者进行快速开发,虽然接口类型、语言等不同,但原理是一样的。除此之外,该接口还实现了很多其他功能,比如对区块数据的查询、交易的发送和查询、智能合约的部署和调用、账号的创建和管理、网络状态的查看和管理、挖矿状态的管理和查询等多种功能,从而实现对区块链节点的完全管理和操作。

3.7.3　区块链浏览器

随着区块链时刻不停地运行,大量的数据被创造出来,比如目前以太坊的区块高度已经达到 3 339 069,包含交易 18 261 545 条,账户数量 1 151 496 个,整体数据量十分庞大。这是一笔极有价值的数据金矿,里面的数据均为构建在区块链严密逻辑下的有效数据,能够节省大量的数据收集和数据清洗的成本,极具商业潜力。因此对于终端用户和企业用户来说,历史账单的查询、交易的追溯、智能合约的监控,区块链数据的查询、统计和分析都是一种刚性需求。

那么,现有的区块链是否支持这种大数据级别的分析呢? 很不幸,区块链本身是无法实现的。因为区块链节点需要处理系统高度频繁的读/写操作,为满足这种性能需求,故大部分区块链使用 K-V 型数据库存储数据。众所周知,K-V 型数据库按照键值对的形式进行组织、索引和存储,能有效减少读/写磁盘的次数,提供超高交易性能,但并不支持 SQL 语句的查询,无法实现复杂的统计分析功能。如此庞大复杂的数据如果只是通过区块链对外接口来逐条查询分析,这是无法想象的,因此区块链浏览器应运而生。

区块链浏览器是区块链的重要数据入口,它为非区块链系统人员和业务人员提供了可视化的区块信息、交易数据、网络信息、区块链代码等全方位信息,能提供高速、完善的历史数据查询、统计和分析功能,并支持与大数据系统进行对接,是区块链应用和运行维护不可缺少的工具。典型的区块链浏览器界面(以太坊为例)如图 3-17、图 3-18 所示。

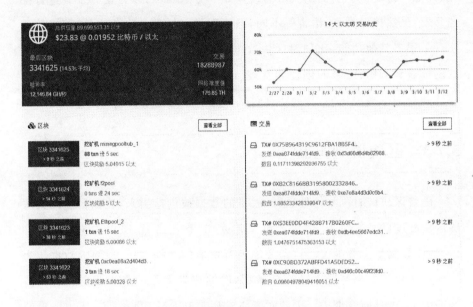

图 3-17 以太坊区块链浏览器示意图 1

从图 3-17 和图 3-18 可以看出,区块链浏览器可以实时观测最新的区块链状态,并且可以查询任何一个区块内容和任意一笔交易详情,根据历史数据生成各种图表,满足企业级的查询分析需求。区块链浏览器的原理其实很简单,如图 3-19 所示。

从图 3-19 可以看出,区块链浏览器是用户与区块链的数据桥梁,由关系型数据库、数据汇总层以及 Web 前端页面三部分组成。首先通过一个数据采集程序不停地从区块链网络的某个节点捕获最新的区块数据,然后通

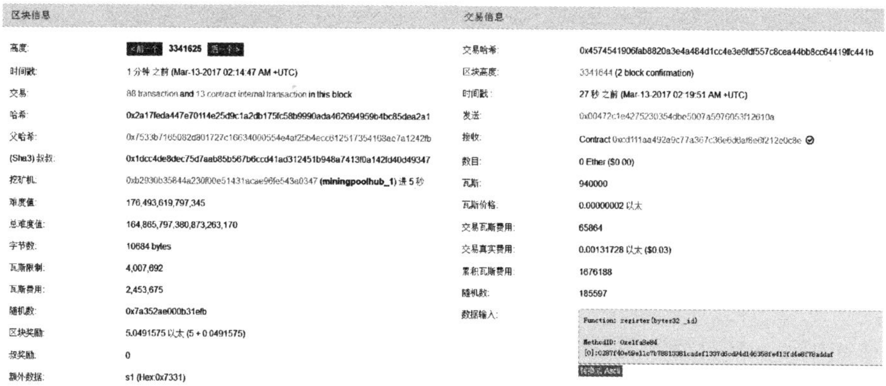

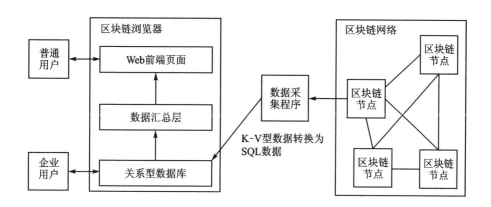

图 3-18 以太坊区块链浏览器示意图 2

图 3-19 区块链浏览器原理图

过数据格式转换,将区块数据转换为关系型数据库的数据并写入指定的数据库中,之后数据汇总层负责将这些原数据进行十六进制到可读信息的处理以及不同数据之间的分类汇总,最后 Web 前端页面提供了界面优化的可视化数据展示。

对于企业级数据用户,可以直接从关系型数据库进行查询和分析,以满足更多个性化专业数据的需求。

3.8　智能合约如何可信地与外部世界交互

3.7 节从技术角度描述了智能合约如何与 IT 系统对接,但这仅仅解决了数据有无的问题,实际上并不能投入真正的工作。智能合约应用案例往往是根据一些外部事件,输出相应的结果。例如,按照农产品价格情况来支付投保人赔款的农产品价格险保单。这个流程一般是这样的:智能合约会在预定的时间,从期货交易场所获取农产品价格,然后按照获取的数据采取预设的行动。听起来很简单,却不可能实现。为什么呢? 因为这里存在两个问题,一是共识问题,二是受信任方问题。

3.8.1　共识问题

区块链是基于共识的系统,只有在每个交易和区块处理过后,并且每个节点达到相同的状态,智能合约才能正常运行,所有事情必须是精确一致的。如果节点之间对数据状态有歧义,那么整个系统就无法可信、稳定地运行了。在这个案例中,智能合约由链上的每个节点独立执行,因此如果智能合约从外部服务获取数据的话,这个数据获取过程是由各节点重复和独立完成的。假设这个区块链有 100 个节点,那么就会有 100 条获取数据的请求从每个节点发送到期货交易场所,但是这个数据来源于区块链外部,价格是实时波动的,由于网络延迟、节点处理速度等各种原因,每个节点获取的并不是同一时刻的价格,输入到智能合约的价格数据也就不同。因此对应的输出也会不同,在这种情况下,整个区块链的信任基础就会崩溃,变得毫无价值。

解决的方法很简单,不通过智能合约发出外部数据获取指令,而是由第三方发送一笔区块链交易,在交易中附加需要的数据,交易会将数据嵌入区块,并同步到每个节点,从而保证数据完全一致,因此可以用于智能合约的计算中。总结起来就是,由第三方将数据推送进区块链,而不是由智能合约将数据拉取进去。

同样的问题一样发生在智能合约调用外部世界事件的情况中。还是用农产品价格险的例子,很多人会认为可以在期货价格达到预定目标时,智能合约会去调用期货公司的 API 接口,实现卖出期货的功能,从而锁定保单风险,但是如果每个节点都独立执行智能合约,那么应该由哪个节点去调用这个 API 呢?选择某个节点去执行,如果该节点发生故障了,无论是不是故意的,如何保证其可靠性呢?选择全部节点去完成 API 调用的话,是否每个节点都可信,如何保证 API 密码的安全呢?况且一个 API 同时被多节点频繁调用也是不合适的。

解决方法参考前面的问题,智能合约不需要获取外部 API,用第三方监控区块链状态,然后给出相应的反馈。例如,合作的期货交易所可以实时监控区块链,然后进行链上交易对应的资金转移,这样就不会对区块链共识产生威胁。

3.8.2 受信任方问题

前面提到的解决共识问题方法的核心就是区块链被动接收数据,与外部的交互依赖于第三方,这个时候就会引入第二个问题,第三方如何信任?第三方如果在数据传输过程中私自篡改数据怎么办?如何审计第三方是否从正确的地址获取数据?为解决可信任问题,就需要引入 Oracle(注意:它不是甲骨文数据库公司),中文翻译为预言机。预言机是一种可信任的实体,它通过签名引入关于外部世界状态的信息,从而允许确定的智能合约对不确定的外部世界作出反应。预言机具有不可篡改、服务稳定、可审计等特点，并具有经济激励机制以保证运行的动力。目前来说，预言机有两种模型，一种是单一模型，另一种是多重模型（又称为 Oracle 网络）。

单一模型只包含一个预言机，这个预言机是可信任的，它会正确地执行代码，合约的参与者能确信它不会与合约的某一参与方相勾结。单一模型类似于软件即服务提供者。对于大部分应用，单一模型已经足够安全，并且经济实惠。目前一个多重模型的实例是 Oraclize。

多重模型包含多个预言机，甚至是预言机网络。虽然单一可信任的预言机对大多数用户来说已经足够了，但是高价值的资产处理需要更高的可信任度，这就需要用到多重模型。在这一模型中，代码的执行分布在若干独立的预言机中，例如 10 个，然后将这 10 个预言机的数据设置一个可信临界值，临界值数量的智能预言机必须就结果达成一致。例如，用户使用7/10 模型，只有当不少于 7 个智能预言机一致时，合同才能够执行。这一模型留出了 3 个缓冲，也许有的智能预言机离线，有问题或者被黑客攻击，只要不多于 3 个就不影响合同代码的执行。多重模型比单一模型更加复杂，成本更高，但是它提供了更好的安全保障。

3.8.3　单一模型预言机的典型实例

单一模型预言机的一个典型实例是 Oraclize，由于其应用十分典型，下面以 Oraclize 为例进行讲解。

提示：Oraclize 为高风险项目，本小节仅作技术分析，并非投资推荐，请读者注意！

Oraclize 是一个独立的服务提供商，目前提供免费的数据输送服务，其目的是在区块链和互联网之间建立一道可信的数据网关，其目标是打破智能合约获取数据的束缚，在保证可信的情况下，使其具有访问互联网数据的能力。Oraclize 不是想让智能合约的开发者信任这个组织(因为不论任何信任,都可以从技术上篡改数据,无法真正从技术上保证安全),而是通过提供多种加密证明方法,构建可信的预言机。Oraclize 的运行状态如图 3 - 20 所示。

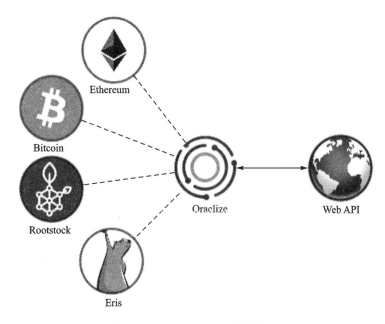

图 3 - 20　Orcalize 示意图 1

多种区块链可以通过 Oraclize 有效地访问互联网 API,保护其 DApp 的安全性和健壮性。目前支持 Ehtereum、Bitcoin、Rootstock、Eris 四种区块链。以以太坊为例,目前采用 Solidity 的智能合约只能存取访问链内的信息,而 Oraclize 作为一个数据传送者,可以在以太坊的 DApps 与 Web APIs 之间提供可靠的连接,让基于智能合约的 DApp 应用可信地取得外部信息和数据。运行原理如图 3 - 21 所示。

Oraclize 在以太坊上部署了一个名为 usingOraclize 的智能合约,如果需要其数据访问服务,只需要在自己的智能合约中引用该智能合约,然后根据 API 文档中描述的方法进行相关的调用即可。如果某些组织利用以太坊技

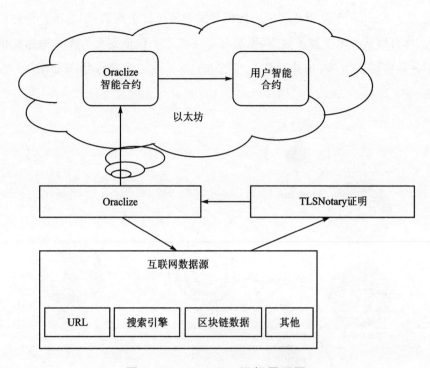

图 3 - 21　Oraclize 运行原理图

术搭建了自己的私有链或者联盟链，Oraclize 在 Github 上提供数据服务的开源智能合约代码，通过自己部署后，可以像公有链那样调用。Oraclize 提供了多种数据源服务器，包括 URL 访问、数据搜索引擎、区块链内容数据、IPFS 文件访问等，其中 URL 访问和区块链内容数据提供了基于 TLSNotary 的可信证明技术，也是常见的数据访问需求。对于基于 TLSNotary 的可信证明可以根据用户的需求开启和关闭，因为虽然目前该服务是免费的，但是以后随着 Oraclize 正式版的发布以及推广期的结束，可信证明技术将收费，用户可以基于成本考虑选择是否使用。常见的典型服务如下。

1. URL 访问服务

该服务可以用来访问互联网的 API 或者网页，首先用户向 Oraclize 提供想要访问的 URL 地址，并设定 GET / POST 的方法和相关的参数。Oraclize 根据用户的设定，自动获取 URL 的内容，然后发送数据到区块链上 Oraclize 的服务智能合约上，通过该智能合约转发到用户的智能合约上。整个过程中，用户可以选择开启或关闭 TLSNotary 的可信证明。这样的应用场景很多，比如通过 Random.org 网站获取真正的随机数、航班运行情况用于航班延误险的自动计算和支付、链上身份认证系统、去中心化的博彩系统、去中心化的预测市场（如体育运动比赛结果或竞选活动）等。

2. 区块链内容数据服务

区块链内容数据服务可以让智能合约快速访问某一区块链上的相关数据。实际上，一方面早期的区块链上的脚本并不能访问自身的内容，比如比特币的脚本本身不能访问比特币的区块链数据。另一方面，不同区块链上的脚本或智能合约有跨链访问数据的需求，以完成更复杂的功能。区块链内容数据一般来说都是从互联网上的区块链浏览器获取的。区块链浏览器一般都会提供各种 API 用于获取区块哈希、区块内容、交易内容、用户余额等多种信息。从本质上来说，区块链内容数据服务也是 URL 访问服务的一种特殊类型。

除此以外，Oraclize 还提供搜索引擎数据服务、IPFS 分布式数据服务、加/解密服务、链下计算服务等，其原理本质上没有区别，限于篇幅，这里不再复述。

3.8.4 Oraclize 可信证明机制

Oraclize 之所以可以提供一个可证明的、诚实安全地从外部世界获取信息的能力，依赖于多种证明方法：TLS 公证（TLSnotary）、Android SafetyNet 证明、大文件传送和存储证明。

1. TLS 公证

TLS 公证主要基于安全传输层协议 TLS 1.0 和 TLS 1.1。TLS 用于在两个通信应用程序之间提供保密性和数据完整性,其最大优势在于独立于应用协议,更高层协议可以透明地分布在 TLS 协议上面。

TLS 公证包含三个基本阶段:① 对等协商支援的密钥算法;② 基于私钥加密交换公钥、基于 PKI 证书的身份认证;③ 基于公钥加密的保密数据传输。在整个传输中,TLS 的 master key 可以分成三部分:服务器方、受审核方和审核方。在整个流程中,互联网数据源作为服务器方,Oraclize 作为受审核方,一个专门设计的、部署在亚马逊云上的开源实例作为审核方,每个人都可以通过这个审计方的服务对 Oraclize 过去提供的数据进行审查和检验,以保证数据的完整性和安全性。

2. Android SafetyNet 证明

Android SafetyNet 证明目前还处于 Oraclize 的内部研发阶段,它是主要基于 Google 研发的用于 Android 系统的 SafetyNet 技术。Android SafetyNet 是一个篡改检测的框架,通过该技术可以确保指定的应用程序运行在一个安全的、未被 ROOT 过的 Android 硬件中来连接 Oraclize 的架构。同时,可以远程验证应用程序的代码哈希值,来确保应用程序本身没有被篡改过。对于一个开源的程序,一旦代码做任何修改,其哈希值必然会改变,因此只要哈希值不变,就可以证明该应用程序是使用期望的代码运行的。

3. 大文件传送和存储证明

大文件传送和存储证明方法主要涉及大文件数据的传输,比如在以太坊中,因为以太坊 EVM 的指令执行是按行数收费的,对于大量数据结果的返回,如果通过作为一笔交易的附加数据进行传输,则需要高昂的执行费用。因此,Oraclize 还提供了大文件证明,其原理是通过上传和保存到 IPFS 系统中来实现。IPFS 中文名叫作星际文件系统,是一项去中心化的数据存储服务。IPFS 使用一个定制的哈希生成原理——multihash,形成每一个文件的地址。基于 IPFS 的设计原理,如果该文件有任何变动,则文件的地址就会完全不同。这一点和常用的哈希值对比来防篡改的技术非常类似。严格来说,这项证明服务不是 Oraclize 本身提供的,而是通过集成 IPFS,利用其特性来实现的。

3.8.5 多重模型预言机

多重模型预言机有多种,一般来说其成本较高。较复杂的预言机会应用在对信息可靠性要求较高,涉及价值比较高的领域,比如金融、博彩等。一个可靠的多重模型预言机,遵循博弈原理,有经济激励机制和惩罚措施,越多节点参与,其真实性就越高。当数据输入时,网络需要保证参与者节点无法知晓其他参与者的数据;然后各个节点将数据输入智能合约;智能合约对于价格等连续数据将选择最接近中位数的数据,如果是二元数据则统计得票最多的结果;最后对提供正确数据的节点进行奖励。

与单一模型不同,多重模型需要面对女巫攻击(Sybil attack)和共谋攻击(collusion attack)。这两种攻击本质上都是通过控制多个节点来伪造数据干扰最终结果,主要的防范方法如下:一是鼓励尽量多的节点参加数据反馈;二是让每个节点的权重尽量平均,防止某些节点权重过高,易于控制结果;三是提高节点的接入成本,比如需要一定的押金;四是需要有一定的激励和惩罚措施,以促使节点考虑自身利益不会撒谎。

下面以某去中心化电竞平台项目为例,来介绍多重模型预言机。(**提示:去中心化电竞平台为极高风险项目,这里仅作技术分析,并非投资推荐,请读者注意!**)

某去中心化电竞平台是一个基于以太坊的去中心化应用,能够让电子竞技迷们可以通过一个去中心化的、自动化平台去参与他们喜欢的游戏,并能够利用手中的代币进行电子竞技。通过该平台,智能合约结合见证人系统和中心化的陪审团,使得某去中心化电竞平台可以不依赖可信的第三方来自动、可信地判定游戏胜负结果,从而根据游戏结果自动处理参与玩家的代币。如果有争议产生，需要更高级别的审查，那么内部陪审制度将被激活进行人工裁定。其用于比赛胜负自动判定的见证人系统设计如图 3－22所示。

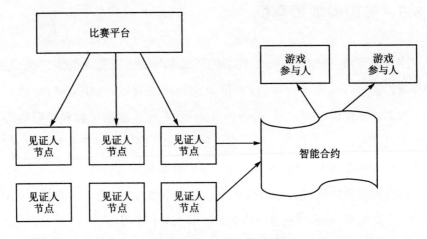

图 3－22　见证人系统

见证人在比赛验证系统中是一个非常重要的角色。要想成为见证人，必须要运行自动见证人节点软件并购买一定量的代币。见证人充当比赛结束前的最终关口和奖励的处理。见证人节点网络充当一个去中心化的代理，他们能够链接游戏的 APIs，互相校验游戏结果确保平台不会有错误和欺诈。众多的见证人形成了一个见证人池，所有的见证人节点会查看每一场分配的比赛，检查游戏 APIs 并发送结果到区块链让所有人都能看到。每场游戏结束后，按照加权随机选择过程。对于每一场比赛，大约 2 个见证人节点将向智能合约报告比赛结果。智能合约根据结果自动处理游戏参与者的代币并向报送数据的见证人节点发送奖励。见证人节点的奖励随着网络中比赛数的增加而不断增加，因此，见证人有动力报告正确数据，支持让平台走向成功。见证人系统软件是一个完全自动化的软件，不需要人工干预。

当一场比赛出现争议时，见证人中的一些成员将会被随机选择作为陪审员，多个陪审员组成了一个陪审团，基于见证人提供的结果和玩家的其他证据(比如截图)进行人工投票。根据投票结果,见证人和与大多数投票一致的陪审员同样可以获得一部分奖励,与少数人投票一致的陪审员将会受到惩罚。

为了预防冒名攻击和共谋攻击,该平台对见证人节点提出了如下要求:

- 玩家必须向平台提供身份证明(比如姓、邮箱或者名字),确保每一个人只有唯一的账户去参与见证人节点。
- 成为见证人节点,需要一定量的代币作为抵押。
- 节点被选定履行陪审团职责的概率是与持有代币的数量成正比的,但限定概率上限为1%。这样可以确保没有人能够主宰陪审团的挑选过程。

通过以上措施,保证见证人系统的公平和公证。

3.9 智能合约和区块链应用注意事项

在这个充满炒作行为的区块链领域,智能合约已经成为中心地带,很多人一听到"智能合约"、"创造信任"等概念就开始了天马行空的想象,甚至想象出自主智能软件、所有的人通过区块链就能实现诚实的世界。理想很丰满,现实很骨感,对区块链技术错误的理解会导致过高的期望,这些期望错误地引导人们把时间和资金浪费在根本不可能实现的想法上。

针对网络上常见的对区块链和智能合约应用的误解,这里总结了以下几点应用的注意事项:

① 区块链实现的不是性能的提升,而是业务模式的改变,同时性能大幅下降。

区块链目前所使用的都是已有的技术。通过对这些技术重新组合,以大量消耗存储资源、CPU 资源和网络资源,降低整体系统性能为代价,在密码学的基础上,实现了点对点网络的可信交易,从而在业务模式中去掉信任背书的第三方,扁平化整个应用场景,实现了业务模式的创新。

② 区块链的核心不是去中心化,而是去中介化。

区块链应用的目的是降低成本,优化业务流程,它只是商业活动的一种技术工具,其本质是去掉应用场景中信用背书的中介。完全去中心化不但不会促进经济发展反而会阻碍其发展,尤其是金融业,需要一个强有力的中心进行监管,否则会导致各种违法违规行为出现,前几年 P2P 行业的大量集资诈骗事件就是很好的例子。在业务应用分析中,如果在区块链应用时没有去掉一个已存在的中介,那么这种应用场景很有可能是一个伪应用。

比如一些文章写到用智能合约实现保险理赔的自动化处理,在这个应用场景中,并没有实现去中介化,智能合约只是实现了普通程序的功能,属于伪应用。保险业一直致力于保险理赔自动化的发展,一方面可以实现较好的用户体验,另一方面可以大幅节省运营成本,目前的 IT 系统已经能够满足技术要求,而且很多保险公司在一些产品上已经实现了自动理赔,效率更高,用户体验更好,其不能自动理赔的根本困难是存在理赔欺诈,必须靠人工来审核和查勘反欺诈。

③ 区块链能实现的,现有 IT 系统都能实现,区块链主要实现了成本的降低。

区块链与人工智能、纳米技术等科技创新不同,其本质是现有技术的重构。因此在区块链众多的应用场景中,现有 IT 系统都是已经或者未来可以实现的,只是成本较高,效率较低。从这个角度来讲,区块链应用创新最大的方向是对现有 IT 系统的升级。出现全新的应用模式不是不可能,只是相对难度较大。

④ 只能实现对区块链自己产生的信息建立信任,对外界引入区块链的信息无法信任。

外界输入区块链的信息是由人来操作的,不存在密码学基础,也无法产生信任关系。比如一些文章写到使用区块链创造信任的能力,保证海淘奶粉整个链条的真实可信,杜绝假货。事实上,海淘奶粉甄别假货的唯一方法是通过唯一中心——奶粉生产厂商去验证,不可能实现去中心化的验证,同时海淘奶粉在销售中的流转信息也是由人工输入到区块链上的,区块链无法保证其真实性。

⑤ 区块链应用并不一定需要代币。

目前公有链的共识算法,例如 PoS、PoW 等实际上是一种经济博弈机制,从技术角度来看需要在系统中使用代币来明确经济权益,激励各个节点。对于任何人都可以匿名任意进入的公有链,采用经济博弈提高作恶的成本,是符合社会学规律的。但是在企业应用中,主要使用联盟链的方式运行,节点受到联盟的统一管理,并且具有很强的现实共识基础和法律约束,因此可以通过使用 PBFT 等共识算法,由数学算法来实现各节点的共识,并不需要代币。同时,采用完全基于数学算法的共识机制可以有效提高系统的交易速度,满足企业应用的需求。

3.10　DApp 介绍

3.10.1　DApp 基本概念

初学者经常把智能合约和 DApp 搞混。区块链把基于智能合约的应用称为去中心化的应用程序(Decentralized App)。智能合约本身是没有界面的,需要通过命令行进行交互,对于普通用户来说这是无法接受的。DApp 的目标是让智能合约有一个友好的界面,外加一些额外的有利于用户使用的东西,比如自动填表、获取其他数据等功能。总结为一句话,即:智能合约加一个界面,构成了 DApp。

3.10.2 DApp 的原理与架构

以太坊是目前 DApp 应用最多的区块链,下面以其为例进行说明。目前一个典型的 DApp 架构如图 3-23 所示。

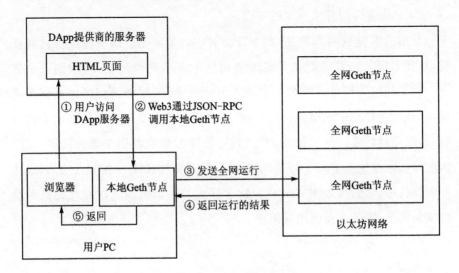

图 3-23 DApp 架构

从图 3-23 中可以看到,一个最简单的 DApp 由 HTML+JavaScript 界面、Web3 运行库以及部署在区块链上的一段智能合约组成。请读者注意,该架构是基于目前技术的普遍架构,其前端页面部分还处于中心化服务器上,未来随着区块链技术的发展,DApp 将实现完全的去中心化的部署和运行。与一般 CS 架构的网站不同,DApp 不能在普通的服务器上运行,DApp 必须运行在一台能与以太坊节点交互的服务器上,或者任意一个以太坊节点上。从这个角度来说,运行一个 DApp 不一定在服务器上,可以下载源代码在本地运行,只要用户的计算机有以太坊节点运行即可。一般用户浏览访问一个 DApp 的完整过程分成五步(见图 3-23):

第一步,用户在自己本地启动一个以太坊节点,通过浏览器访问 DApp 供应商的服务器,获取前台页面的 HTML 代码。

第二步,DApp 的前台页面代码在用户本地运行,用户选择需要的应用功能,向区块链发送服务请求,本地的 DApp 通过调用 Web3.js 将该用户服务请求转为一笔交易,将用户需要获取的数据请求放在交易的内部数据中,编译后通过本地以太坊节点的 JSON - RPC 端口发送到以太坊网络中。

第三步,本地以太坊节点将该笔交易发送全网,全网节点执行交易,调用智能合约并返回运算结果,在此过程中,交易的执行费用需要用户来支付。

第四步,以太坊全网运行成功后,矿工通过挖矿的形式将该笔交易打包进入区块,并通过矿工节点广播全网,用户本地的以太坊节点收到区块增加的消息后,确定交易已经成功,并获取智能合约运行的结果。

第五步,用户本地的以太坊节点返回前台页面交易的哈希值,前台页面通过交易哈希值查询最后交易的运行结果,然后将交易结果转换为用户可以理解的服务响应,并通过浏览器展现出来。

可以看到,DApp 通过提交交易到区块链网络与对应的智能合约进行交互,并且从区块链网络而不是中心化数据库(比如 MYSQL 数据库)读取重要数据。与典型的基于用户登录的 BS 架构系统不同,以太坊用户被表示成一个十六进制的地址而且账户密钥保存在本地,通过用户自己设置密码来加密保护。如果用户在运行一个 DApp 时,忘记了自己的账户密码,那么其他人也无法协助找回。从这个角度来说,DApp 只需要编写好代码并部署,后续的运行和服务都是由以太坊网络来完成的,与目前的 Web 应用架构有很大的不同。

与传统 App 相比,分布式 DApp 具有以下三个特点:

① 去中心化、不可篡改、公开透明。

DApp 是基于智能合约的分布式应用,因此所有的数据都是以交易的形式发送到区块链上进行存储的,不是存储在某个节点或者服务器上。因为区块链的特点是去中心化、不可篡改、公开透明,故 DApp 也继承了这些特性。

② 天然具有抗 DDOS 攻击的能力。

DDOS 是分布式拒绝服务攻击的缩写,攻击者通过控制成千上万的恶意计算机同时向被攻击目标发送服务请求,直到被攻击服务器超出最大负载能力而宕机。在传统的 IT 架构中,无法有效对抗这种攻击,但是在 DApp 中,代码是存储在所有节点上的,因此当访问一个 DApp 的时候,理论上任何一个节点都可以正确地提供访问需求。当一个 DDOS 攻击造成某个甚至某些节点失效时,访问者可以更换其他区块链节点进行访问,并且某些节点的失效并不影响整个区块链网络的正常运行。区块链分布式存储和对等网络的特性,保证了 DApp 不论在何种情况下,均能够有效地提供服务。

③ DApp 是自运行和自服务的。

传统的 App 很多情况下不需要一个账户就可以正常交互。但是对于 DApp 来说,如果进行任何的数据交互和操作,都必须要使用一个账户。这个账户是用户在区块链的地址,用户与 DApp 的交互以交易的形式完成,交互时通过用户的区块链地址发送一笔交易,交易的数据中包含要调用智能合约的函数和参数,智能合约会返回运行的结果。对于每一次交互,用户都需要支付矿工费用来让 DApp 运行。从整个交互的过程看,一旦 DApp 部署完成,其开发商将不再需要后续的运营工作。

3.10.3　开发、部署和使用 DApp

1. 开发 DApp

在开发一个以太坊 DApp 时,首先需要考虑添加如下两个接口:

① Ethercasts 状态接口,这样使用者就可以通过 Ethercats 找到相应的

应用。

② Dappcentral 接口,以太坊去中心化应用的分类页面,带程序说明、代码验证和网络数据。列表中提供的去中心化服务分成了很多领域,包括金融、保险、预测市场、社交网络、运算与存储分配、游戏等等。未来,去中心化应用会在去中心化应用浏览器里集成的 DApp 商店中列出和分配。

其次需要选择一个 DApp 的集成开发环境(IDE)。在 IDE 中,提供 DApp 开发的各种服务,包括智能合约的编写功能、调试功能、智能合约编译功能、智能合约和前台页面打包功能等一体化服务。开发者可以通过 IDE 连接自己的私有链来进行实际调试。

然后需要构建一个私有链环境。通过设置不同的参数,在本地启动多个以太坊节点。这些节点自成网络,不会和正式网络通信,通过私有链环境像正式网一样部署、测试和浏览 DApp。

最后需要选择一个适合自己的框架进行开发。在以太坊上,实际的 DApp 开发,单纯使用 HTML 和 JS 语言进行开发,工作量非常大,因此需要有很多的工具和框架以协助开发者快速开发。

2. 部署 DApp

部署一个 DApp 主要有以下流程:

首先将已经编写好的智能合约部署到以太坊正式网络上,并返回已部署好的智能合约的地址和 ABI 接口。

其次部署一台以太坊节点服务器,运行以太坊节点程序,并开放 RPC 端口的访问。

最后部署一台普通的 Web 服务器,开启 Web 页面访问服务器,将前面智能合约的地址和 ABI 集成到前台页面中,并将前台页面部署到服务器中,以供用户访问。

3. 使用 DApp

在实际中的 DApp 浏览中,使用不同的框架编写的 DApp 需要不同的浏览环境。有的框架只需要普通的浏览器(比如 IE)就可以访问,缺点是需要本地运行以太坊节点;有的框架需要 DApp 专用浏览器进行访问,优点是本地不用运行以太坊节点,由服务商远程提供,并且专用浏览器可以提供 DApp 应用商店,方便用户使用。

3.11　去中心化的新一代互联网

在过去十年中,已经基于区块链构建了一个全新的网络生态系统,这不仅是技术上的伟大创新,更是新经济甚至是社会治理的新突破。比特币、以太坊等项目充分展现了密码经济共识网络的强大力量,使得我们不禁畅想未来的 Web3.0———一个安全、可信和开放的去中心化互联网。然而,目前的区块链技术尚处于发展的早期阶段,要实现真正的去中心化互联网这个愿景,还有很多严重的缺陷等待我们去解决。

3.11.1　现有区块链所面临的问题

1. 数据冗余存储,资源消耗过高

因为现有区块链的存储模式都是完全基于节点副本模式的,一个节点需要下载和存储所有的区块链数据。以比特币为例,目前有几千个节点,每个节点存储的区块链数据都是完全一样的,高达几十个 G,存储浪费非常严重。

2. 采用 K-V 型数据库,无法存储大数据

目前区块链的节点在使用共识算法的时候,需要全网所有的验证节点对所有的交易进行全部的验证,这样需要处理大量的读/写操作。为了满足

性能要求,绝大部分区块链网络都使用 K‑V 型数据库,从而导致系统无法存储大型文件,严重影响了区块链的扩展性。

3. 网络运算能力极差

区块链采用全网所有节点对交易进行验证,按照少数服从多数的原则,来防止少数恶意用户篡改数据。因此验证节点越多,整个网络的安全性也就越高。但是这种全网验证的方法,严重受限于单个计算节点的性能,大量的运算被重复进行,资源浪费严重,而且网络运算性能仅相当于单台服务器。

4. 采用一长串十六进制编码作为用户地址,使用不方便

区块链地址的生成是基于密码学算法的,因此每个用户的地址最后都是一长串的十六进制代码,这样使用起来非常不方便,也不容易记忆。区块链技术要想普及到普通的用户,需要一种方便友好的地址编码方式。

可以看到,以上问题严重制约了区块链的深层次发展和应用,很多开发者一度很悲观,认为去中心化互联网只是一句空话,区块链也远没有想象的那么具有颠覆性。幸运的是,科学家和工程师们早已经意识到了这些问题,并做了很多相关技术的研究和实践。通过一段时间的学习和了解,笔者认为,去中心化的互联网正逐步走向我们!

3.11.2 去中心化互联网的解决方案

以太坊很早就提出了 Web 3.0 的概念,并一直朝着这个远大目标而努力。为此,以太坊提出了四种新技术:Swarm(区块链分布式存储)、ENS(区块链域名系统)、Sharding(区块链分片计算)、Whisper(区块链点对点通信)。这些技术都不是一个单独存在的应用,而是与以太坊有机组合,形成了一套较完整的去中心化互联网方案。虽然目前这些技术还未能成熟应用,但是相信在不远的未来,这些技术的落地一定会带来革命性的创新!(**提示:**以上技术均为极高风险项目,且没有经过实践证明,这里仅作技术讨论,并非投资推荐,请读者注意!)

在以太坊的规划中,一个 Web 3.0 的架构如图 3 – 24 所示。

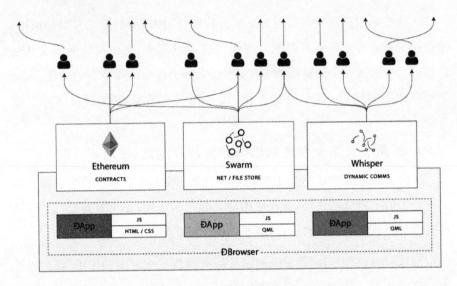

图 3 – 24　Web 3.0 架构

如图 3 – 23 所示,所有的出口均为 DAppBrowser(分布式应用专用浏览器),就像现在用户通过 IE 等浏览器访问互联网一样。使用 DApp 浏览器来访问以太坊网络时,Ethereum、Swarm、Whisper 是三个重要的组成部分。

1. Ethereum——去中心化的区块链智能合约平台

Ethereum 是以太坊区块链本身,负责构建智能合约运行环境和整个底层区块链的网络,目前已经部署并正常运行了。

2. Swarm——去中心化的数据存储服务

Swarm 提供分布式存储以及内容分发服务,是以太坊 Web 3.0 栈的一个本土服务层。Swarm 的最主要目标是为以太坊公共数据部分(尤其是 DApp 代码和数据以及区块数据)提供一个足够去中心化、足够重复的存储。这样就不需要所有的节点重复存储区块数据,只需要每个节点存储一部分

178

区块数据,大大减少了存储资源的浪费。与传统的分布式存储系统不同,它将会使用经济手段,来激励参与者提供他们的存储资源以及带宽资源来为其他网络成员提供以上的服务。严格来说,Swarm 是基于星际文件系统(IPFS)。IPFS 本身是不带经济层的,无经济激励,运行一个节点是完全自愿的。Swarm 是尝试在以太坊上写一个智能合约,给 IPFS 加入这个经济激励,二者合起来可以为以太坊提供一个存储层的解决方案。

Swarm 采用点对点的存储方式,通过内置的以太坊账户系统打通资源提供方和资源使用方的支付通道,从而达到耐 DDOS 攻击、零停机、高容错、耐屏蔽以及自我维持的目的。设计上,Swarm 与以太坊多协议网络层、以太坊区块链域名系统、服务支付以及内容深度融合。

从终端用户的角度来看,访问 Swarm 与访问 WWW(全球互联网)并无很大的区别,都是用过一个特定的域名地址来访问。用户能像访问一个互联网网站一样访问在 Swarm 上的网站,只不过访问域名地址不同而已。比如访问 http://www.xxx.com/index.html,在 Swarm 中就变为访问 bzz:/1b5d887cea699d18560ae6dcaf06676f5064f630978b8031d9beb6fbddd82a82。其中 bzz:/是访问协议,后面的字符串是 index.htm 的地址。但是这样访问很不直观,于是 Swarm 又加入了以太坊区块链域名方案(ENS)。

3. ENS——去中心化域名系统

ENS 是建立以太坊区块链之上的分布式命名系统。ENS 有三个主要组件:注册表(registry)、解析器(resolvers)以及注册服务(registrars)。只有注册表是 ENS 核心不可变的部分,解析器最终由用户实现,注册服务(registrars)是在 ENS 中拥有名称并根据部分规则分配子域的智能合约。

现在 ENS 可以被解析到以太坊地址(Ethereum address)以及 Swarm 上,后续将会解析到更多的资源。ENS 现在有两个顶级域名,分别是 eth 和 test。与现在的域名注册不一样,eth 域名注册采用拍卖制。过去以太坊的地址是 0x4B8ef10dFbECe42e55160eeC8a83a6dD86467Fe7,Swarm 的访问地址 bzz:/1b5d887cea699d18560ae6dcaf06676f5064f630978b8031d9beb6fbd
dd82a82。使用 ENS 后,用户只需要访问 bzz:/mysite.eth,非常方便、直观。

4. Whisper——点对点的消息传输协议

Whisper 是目前正在开发的一个协议,计划成为通用的点到点(P2P)通信协议,未来会被整合到以太坊浏览器中,提供私密和安全的点到点信息传输。在以太坊的每个节点可以为自己生成一个基于公钥的地址,Whisper 可让客户端将消息直接发送给特定的接收者,或者通过附加到信息里的描述性标签,将消息广播给多个接收者。区块链节点会智能地利用尽可能多的有效信息,即在区块链网络之间的路由消息。所有的信息都含有生存时间,这样即使接收者处于离线状态,消息也可以接收到。

从用户角度看,我们在区块链中发送消息,不像微信一样通过第三方服务器来转发,而是直接送达到对方,并有密码学的保护。任何第三方在用户不授权的情况下都无法查看,数据真正属于用户。

5. Sharding——分片计算技术

因为在网络上每个节点都必须维护整个系统的状态和处理每笔交易,整个区块网络效率受限于单个计算节点,大大浪费了计算资源。分片技术就是将区块链网络分成若干个区域(这种区域称之为分片)。在计算时,全球所有验证程序集合中的节点被随机分配到某个分片,其中每个分片并行处理全局验证计算的不同部分,从而确保工作是跨节点分布处理,而不是每个节点都重复做。采用分片技术后,区块链网络的计算能力不再受限于单个节点的计算能力和带宽限制,整体计算速度大幅提高,甚至达到金融级的交易处理吞吐量。同时运行区块平台不再依赖于高性能服务器,所需的只是大量的普通个人电脑,更加去中心化。

通过以上技术与区块链的组合,可以说真正实现了一个去中心化的互联网。在此基础上,去中心化将继续渗入并影响社会的各个方面,未来可能会带来难以想象的重大变革!

第4章

区块链在金融领域的应用前瞻及案例*

---

* 本章 4.1 节～4.3 节由李赫完成,4.4 节和 4.5 节由何广锋完成。

4.1　区块链在网络互助方面的应用前瞻

由于其本身的特性,区块链能够有效实现交易各方的信任机制建立,实现信息与价值的高效流动,通过去中介化,降低行业成本,实现供需关系的优化。本节介绍其在基于互联网的网络互助中的应用,以达到防范金融风险,降低运行成本,推动行业健康快速发展的目的。

4.1.1　网络互助与相互保险

网络互助是一群有共同要求和面临同样风险的人通过互联网自愿组织起来,定义好风险补偿的规则,预交小额风险补偿分摊资金,分散每一个参与者风险损失的自发性组织,本质上是一种去中心化的、对等个人之间约定风险分担的一种慈善形式。在世界范围内,互助组织并不是新鲜事物,民间的互助共济行为一直存在。对于救助社会困难群体,发挥公益慈善作用具有积极意义。通过互联网构建的网络互助是互助组织的一种新形式。网络互助采用网络平台,降低了运行成本,扩大了覆盖范围,提高了执行效率,对原有的传统互助公益慈善起到了很好的促进作用。

需要注意的是,网络互助不是保险。与相互保险和传统保险公司相比,网络互助有很多不同点:① 网络互助是社会信用契约,具有民事能力的人自愿地、非强制地按准则履行相同的义务,同时也享受平等的权利,而相互保险是依法监管下的保险的一种表现形式;② 网络互助为非营利性质,而相互保险是典型的商业行为;③ 网络互助不能向社会公众承诺赔偿给付责任,不能误导或虚假宣传网络互助为保险且刚性兑付,保险公司则属于保监会监管,有刚性兑付的属性;④ 网络互助的资金属于全体会员,只准专项使用于会员赔付,不得转作他用,而商业保险公司是以盈利为目的,可以依法将保费用于各种投资经营行为来获得最大化收益。

4.1.2 现有网络互助所面临的问题

目前已经有一些网络互助平台在运行,其中大部分的架构如图 4 - 1 所示。

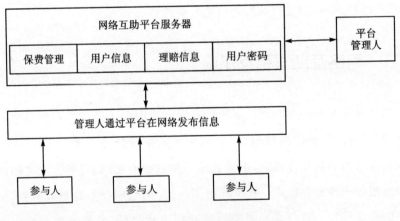

图 4 - 1 网络互助常见架构

网络参与人的保费、用户、理赔、密码等相关信息均保存在网络互助平台的服务器上,由平台管理人负责管理,各参与人所获取的信息实际上是由管理人处理并通过服务器发布的。

作为新兴事物,现有的网络互助平台存在其他保险公司不曾遇到的问题,具体如下。

1. 资金安全问题

网络平台管理人是网络互助相关利益各方中,信息和权力最为集中的主体。虽然网络互助中每一个参与人都有自己的网络账户,但实际上参与人的账户都是虚拟账户,本质上已经形成了一个资金池。在网络互助中,资金运作的透明性完全由网络平台管理人控制,无法有效监管,存在被平台管理人挪用的风险。

2. 理赔信息人为控制问题

本质上平台管理人拥有所有的出险和赔付信息,虽然承诺透明公开,但因为信息被平台管理人完全控制,仍然存在管理人利用出险和赔付的信息优势套取利益的风险。

3. 客户信息泄露

所有网络互助参与人的私人信息,包括姓名、身份证、电话号码、微信、住址等信息均存储在中心化的服务器上,具有巨大的经济价值,存在因服务器安全问题或者平台管理人道德问题导致客户信息泄露的风险。

4. 脆弱的 IT 系统

网络互助不以盈利为目的,因此组织规模小,资金薄弱,无法像商业保险公司一样在 IT 系统上投入大量的人力和财力,造成其 IT 系统在安全性、稳定性和可用性上都存在隐患,严重的甚至可能导致保险组织的失败。

4.1.3　区块链助推网络互助

网络互助属于新兴事物,目前尚没有具体的监管。对于上面所列的问题,如果不加以管理,则很可能重陷早期 P2P 借贷的乱象。区块链可以为上述问题提供解决方案,通过技术手段最大化地保证网络互助的资金、协议、信息安全,提高风险控制能力,促进健康发展。

1. 基于区块链的网络互助架构

如图 4 - 2 所示,网络互助的选举管理、参保管理、资金管理、理赔管理和用户管理等运营管理部分均通过部署在区块链上的智能合约来实现。智能合约内置了相关的规则,当条件符合的时候,自动执行,所有的执行记录都完整、透明地记录在区块链上,任何人均可以追溯,而参与者作为一个区块链节点进行参与。

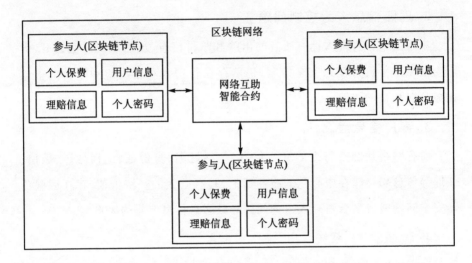

图 4 - 2 基于区块链的网络互助架构

2. 资金安全管理

参与者不再以法币,而是以区块链的上数字资产参与网络互助。与过去参与者的虚拟账户不同,区块链的个人账户是实际存放着参与者的保费,而不是放在一个资金池中。通过采用区块链多重签名技术,区块链的个人账户支持智能合约在一定条件下(比如发生了理赔)从参与者账户自动划走资金的功能,整个过程完全透明地记录在区块链上,可以随时追溯,有效避免了资金池问题。

3. 组织治理

网络互助组织没有股东,而是由投保人作为组织所有权人行使控制权,从而在治理上呈现出与股份公司不同的特点,即组织自治。在同一地域的小规模互助组织中,可以通过直选代表的方式直接进行组织自治,但是对于全国范围内的网络互助,因为地域跨度大,参与人群复杂,故需要更复杂的自治方式进行管理。

现有网络互助大部分基于中心化服务器进行管理,因此组织自治中选举投票和自治具体信息发布的透明性容易被人为操作,很难具备公信力。通过使用区块链的智能合约管理投票选举和后期的自治信息公开,实现在区块链上永久记录所有信息,并且信息完全透明,无法篡改,真正实现公平、公正、公开的组织自治。

选举的管理如图 4-3 所示,全国的投票人用自己的区块链账号通过智能合约对候选人进行投票。智能合约将会在区块链上永久记录投票的结果,同时智能合约代码以及投票记录都是完全透明且无法篡改的,任何人在任何时候都可以进行数据回溯,而通过智能合约投票选举的当选者,智能合约将对其区块链账号自动赋予规定的组织管理权限,比如提交议案、申请理赔资金等。

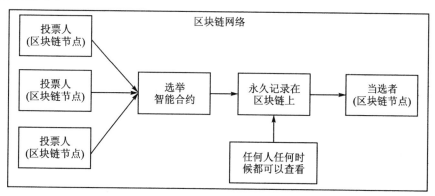

图 4-3 智能合约选举示意图

自治过程中业务管理及信息发布如图 4 - 4 所示,由具有管理权限的账号通过智能合约处理业务及发布信息,经办人也通过智能合约处理具体的事项,整个管理的信息流同样是完全透明、永久地记录在区块链上且无法篡改的,组织中的任何人都可以随时查看处理的结果,从而起到监督的作用。

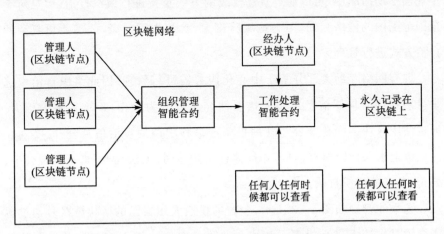

图 4 - 4   智能合约组织管理及信息发布示意图

依托于区块链,借鉴相互保险最为发达的日本的投保人恳谈会和评议委员会治理模式,笔者尝试设计了基于区块链的组织自治架构,如图 4 - 5 所示。

成员代表大会是组织自治的最高权力机构,由全体成员通过区块链投票的方式产生,任期为 2~4 年。

自治会由成员代表大会选出,负责保险业务的具体执行,同时根据业务需求向成员代表大会提出各种议案。

监事会由成员代表大会选出,负责对整个组织的财务、法律等非业务部分进行监督。

评议委员会作为运营咨询机构,设置的目的是为了进行更加合理的运营。评议委员会除了对自治会进行质询或运营上的重要事项阐述意见外,还负责对成员代表大会提出的有关意见和建议进行必要的专业化审议。评

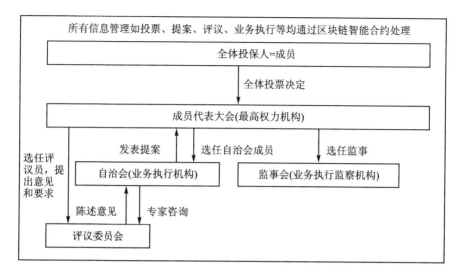

图 4 - 5　基于区块链的组织自治架构

议委员会成员由会员代表大会从会员或有学识、有经验的专业人士当中选出的评议员组成。

4. 数字资产管理

区块链用数字资产作为价值交换的媒介,它有两种来源:一种是未来与央行的数字货币进行对接,使用央行的数字货币作为区块链上的可编程数字资产;另一种是购买区块链上锚定法币的代币(Token),比如某些组织尝试通过创新的信贷模式来锚定法币,使得数字资产有了稳定的价值。

5. 理赔管理

理赔流程大部分是线下服务,网络互助的非盈利性定位决定了其难以提供较复杂的理赔服务,因此车险等需要高频次服务、重资产运行的险种目前较难实现网络互助。从已经运行的网络互助保险平台可以看出,应用场景主要集中在重疾险、癌症险等缴费周期长、服务频次低、服务难度较小的险种。基于区块链的网络互助可以选择现有网络互助平台常见的两种理赔方式:第一种是购买商业保险公司的理赔服务,实现全国范围的快速理赔;

第二种是从组织中选择见证人和专家,提供理赔服务,对见证人和专家给予一定的报酬。

基于区块链的网络互助与现有网络互助不同,采用智能合约管理所有理赔的信息及资金。从理赔申请到资金赔付,相关的信息不是上传到中心化服务器,而是上传到区块链,通过智能合约处理,从而实现理赔全程透明。最终在经过各方确认可赔付后,资金通过智能合约自动划拨到出险人账户中。

6. 用户密码管理

传统的 IT 系统统一将密码存放在某个数据库,用户登录的时候,从数据库调取相关记录来验证用户。而区块链去中心化的特点决定了它没有中心服务器存储用户密码,用户的密码是完全由用户来自己保管。区块链的账户采用非对称加密,用户全网公布公钥,自己以文件的形式保留私钥。拥有了私钥,就拥有了对账户的完全控制权。因此,区块链不存在传统 IT 系统因数据库问题导致的所有用户账户被盗、丢失等问题。

7. 个人资料管理

个人资料采用非对称加密后上传到区块链存储,私钥由用户保管在自己的电脑中,当发生理赔等需要信息公示的情况时,由用户向全网发布私钥,进行信息解密。

4.1.4　基于区块链的网络互助的优势

1. 资金安全

因为区块链的特性,资金流向透明,每一笔资金明细都在区块链上记录,故数据不可伪造和篡改,所有监管单位、公众媒体、普通用户都可以随时查看和监督。

2. 理赔透明,规则执行高效

所有的理赔资金划转由公开的、不可篡改的智能合约执行,一旦确定就能够精确无误地执行,任何人不能干预,无法人为挪用或干预,提升了规则执行效率。

3. 用户信息安全

所有的个人敏感信息都采用高强度加密存储,密钥仅用户自己保管,除非用户授权,否则其他人无法查阅和窃取。

4. 服务永不宕机

运行在区块链上的网络互助应用由全球几百甚至上千个节点共同维护,部分节点的宕机不会影响整个网络的运行,理论可用性达到了 100%,可以说服务永不宕机。

5. 运营成本低

整套系统大部分是部署在区块链上的,由全球节点免费运营,省去了传统 IT 系统的硬件购买费用、硬件维护费用、软件维护费用、底层软件版权费用等,大大节省了网络互助后期运行的成本。

6. 系统安全性高

应用部署在区块链上,应用的安全性取决于区块链平台的安全性。区块链系统源码公开,运行过程中经受住了大量黑客攻击,其系统安全性和健壮性比网络互助自己运营 IT 系统要高得多。

4.1.5 基于区块链的网络互助的运作模式初探

信任是做任何事情的基础。在整个行业的发展规划中,网络互助需要借鉴 P2P 借贷行业发展的经验教训,提前进行自我规范管理和风险防控,为行业发展打下牢固的信任基础。鉴于目前缺少专门的监管和法律规定,本小节尝试性地提出以下两种运营思路。

1. 加入商业保险公司慈善基金会

目前各大保险公司均有自己的慈善基金会,网络互助本身不以盈利为

191

目的,可以作为一个公益性组织加入其中。一方面,保险公司可以将部分慈善基金用于公益的网络互助,使更多人受益,扩大保险公司的影响力,提升保险公司的形象,培养潜在客户;另一方面,网络互助可以以较低的价格购买保险公司现有的理赔和风控等服务,从而弥补服务短板,完善自身的运营和管理,同时政策上享受慈善基金会的各种税收优惠。通过加入保险慈善基金运行,网络互助可以与商业保险公司形成一种互补的生态模式,最终实现双赢。

2. 依法注册为慈善组织,受民政部门监督管理

对于单独运行的网络互助组织,可以向民政部门申请登记,按照《中华人民共和国慈善法》的相关法律规定进行运营管理,接受民政部门监督管理。

4.2　区块链在农业保险方面的应用前瞻

读者需要注意的是,实际情况涉及法律法规及区块链技术的成熟度,目前还远远没有达到能够落地应用的程度,本节仅对区块链在农业保险进行探讨、研究和前瞻。

4.2.1　当前农业保险的状态

中国作为一个农业大国,农业是百业之母,农户是占中国人口比例最大的群体。农业不兴,百业难兴,农民不富,难保国泰民安。但目前我国农业生产技术装备水平与劳动生产率水平均较低,农业基础设施薄弱,自然灾害多发(比如海南多台风,西南地区泥石流较多,中原地区干旱灾害较多),此外农业生产还要面临疫病、意外事故等各种威胁。因此如何规避各种灾害对农业生产的影响,提高农民的整体收益,就成为了农业生产保障的重要问题。基于以上现实需求,国家大力推广农业保险。

农业保险(简称"农险")是专为农业生产者在从事种植业、林业、畜牧业和渔业等的生产过程中,对遭受自然灾害、意外事故疫病、疾病等保险事故所造成的经济损失提供保障的一种保险。通过投保农业保险,有效提高了农户的生产积极性,保障了农业生产的平稳发展,对促进国民经济的健康发展、社会安定都有积极的意义。

农业保险按农业保险的标的不同分为种植业保险、养殖业保险和林业保险,主要险种有:农产品保险、生猪保险、牲畜保险、奶牛保险、耕牛保险、山羊保险、养鱼、养鹿保险、养鸭保险、养鸡保险、对虾保险、蚌珍珠保险、家禽综合保险、水稻保险、蔬菜保险、稻麦场火灾保险、森林火灾保险、烤烟种植保险、西瓜雹灾保险、香梨收获保险、小麦冻害保险、棉花种植保险、棉田地膜覆盖雹灾保险、苹果保险、鸭梨保险、烤烟保险等。

4.2.2 农业保险的痛点

一直以来我国农业规模化经营的实际占比非常有限,小规模分散经营仍然是我国农业的主导性经营形态。相应的,每份保单的承保面积相当有限。2015 年,农业保险承保主要农作物 0.964 亿公顷,参保农户户次 2.29 亿。据此计算,每户次承保面积仅为 0.42 公顷(约为 2.56 亩)。在这种情况下,农业保险面临着以下问题:

一是成本高。大规模的农业经济可以有效降低成本,但我国为小规模分散经营,每个农户情况复杂,承保工作烦琐,查勘工作量巨大,因此保险业做到承保到户和理赔到户,需要很高的成本。

二是农户参保意愿低。由于成本较高,造成保险条款复杂,理赔流程长,理赔额度小,故在实践中难以规范运作,造成农户参保的意愿不高。

三是保产量不保收益。目前大部分险种都是对农户的损失进行承保,即对成本进行保障,但是有些年份,虽然农作物产量很高,可是价格暴跌,也严重损害了农户的利益和积极性,保险公司对这方面尚缺乏有效的保障。

针对以上情况,目前有多种措施可以进行改善:

一是用指数保险代替传统的农业保险产品。指数保险(包括价格保险和天气指数保险等)将损害程度指数化为特定区域农作物的价格或是气象数据指标,一旦检测的指标达到预先设定的条件,即进行赔付,而不用考虑实际的损失,因此通常不需要核保到户、验标到户、查勘定损到户。

二是采用农业保险互助形式。农业保险互助又称农业合作社,在美国十分普遍,有力地促进了美国农业的发展。一方面保险公司对于农业保险,覆盖面无法做到全面,更由于成本高昂,积极性不高;另一方面,我国领土广阔,每个地区的情况各不相同,单一的险种难以匹配当地的实际情况。如果农业保险采用保险互助的形式,一方面可以大幅降低成本,另一方面投保人即是核保人也是理赔人,起到了互相监督的作用,有效降低了成本,增加了农户参与的积极性,提高了理赔的合理性。

4.2.3   基于区块链的农产品价格保险和天气指数保险

农业价格保险就是以农户生产的农产品的市场价格变动为风险责任,当农户的农畜产品上市时,市场价格低于保险合同事先约定的保障价格,由保险人赔偿市场价格与保障价格差价损失的保险。通过对市场风险的承保,有效避免了"谷贱伤农"、"丰产不丰收"等情况的发生。

天气指数保险(又称气象指数保险),是指以一个或者几个气象要素为触发条件,如风速、降雨量、温度等,达到触发条件后,无论受保者是否受灾,保险公司都将根据气象要素指数向保户支付保险金。这属于财产险中的费用补偿险。

以上指数险种以保险公司作为中介,连接了农户和指数提供商,比如期货公司和气象监测站,在传统的保险业务模式中,保险公司的中介作用不可替代,因此会增加一定成本。区块链出现后,其天然具有可信网络和去中介的特点,使得农户直接通过区块链进行投保和理赔成为可能。笔者尝试性地设计了基于区块链的农产品价格保险和天气指数保险示意图,如图 4 - 6 所示。

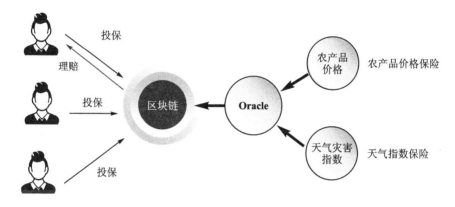

图 4 - 6 基于区块链的指数保险示意图

如图 4 - 6 所示,基于区块链的指数保险通过 Oracle(预言机)进行数据采集,然后由 Oracle 推送到区块链上,其中农产品价格来自于农产品期货交易所,天气灾害指数来自于各地方气象局的采集数据,如风速、降雨量、温度等。区块链部署相关的智能合约,设定一些参数,当外界数据到达指定参数时即进行理赔,比如玉米 2 个月平均价格低于 2 000 元/吨时,即触发理赔。农户通过区块链进行投保,所有的信息均公开透明,资金通过多重签名技术保证专款专用,任何人不得挪用。保险公司在整个链条中不再扮演中介的角色,而是负责区块链智能合约维护和保险产品的定价,通过出售成熟的风险管理模型来获利。

通过应用区块链技术,简化了投保和理赔流程,可以有效降低运营成本，使得农户能直接面对保险产品，通过区块链的公开透明、不可篡改、永久运行的特点，也大大增加了保险产品的透明度、可信度以及稳定性。

4.2.4 基于区块链的农业保险互助和再保险

针对农业保险成本一直居高不下、农户参与积极性不高的问题，参考欧美的经验，可以考虑采用保险互助的模式加以改善，而区块链这种天然基于点对点交易的价值网络，非常适合相互保险的应用，其在相互保险中的应用和意义已经在 4.1 节中进行了详细说明，不再复述。

基于区块链的农业保险互助有如下优点：

一是成本低。农户通过区块链形成互助团体，可以有效地增加互信，全网公开透明，投保人可以自由加入和退出，节省了销售环节和行政环节，大幅压缩无关人员的费用，从而降低了成本。

二是效率高。利用区块链进行组织自治，其投票选举和治理均公开透明且不可篡改，相关自治过程可以通过区块链达成跨地域的互信，所有参保的农户不仅仅是客户，更是主人翁，大大提高了农户的积极性。在理赔环节，参保农户实现互相查勘，由于农户本身具有丰富的实践经验，且查勘定损涉及自身的利益，因此查勘和理赔会非常科学和准确，有效提高了理赔效率和理赔合理性。

三是后付费。由于采用智能合约的形式进行投保和理赔管理，理论上农户不需要一次就把保费缴纳完全。在整个承保的生命周期，全网往往发生多次理赔事件，而每次理赔是由全网均摊的，具体到每个参保农户身上可能费用并不多，因此每次农户只需在区块链的账户中保证下次理赔的金额即可。比如某农业互助组织有 10 万户参保，期间某农户投保了生猪险，发生了瘟疫，导致死亡了 20 头生猪，每只猪理赔 2 000 元，一共理赔 4 万元，如果均摊到每个参保农户身上为 0.4 元，因此每个参保农户账户保留几元就可以应对一次理赔,而不需要一次性缴纳几千元的保费。

四是后定价。由于互助组织的后付费特性,故也决定了互助保险后定价的特点。在传统保险产品都是由保险公司经过精算后进行定价,然后足额缴纳保费。但实际上保险产品是一种基于概率的产品,其描述的是一种可能性而不是必然性。在农业互助中,并不于事前定价,而是随着理赔的实际发生概率和参保农户的数量进行实际的支付。比如同一理赔的事件,参保 1 万户和参保 10 万户,每户的需要分摊的金额并不一样。而在参保农户一定的情况下,因为每年发生的理赔数量并不一样,因此每年的需要分摊的理赔金额也不一样,有些年可能极少发生灾害,这样参保农户的分摊金额就可以大幅降低。

实际的农业生产中,可能遇到大范围、高强度的灾害情况(俗称巨灾),会造成受灾区域面积大,甚至是全省范围内,农业生产遭受巨大损失。在这种极端情况下,普通的农险互助组织可能会一次面临巨额赔付,难以付清。传统的保险企业也会面对这种情况,因此对保障金额较大的险种进行再保险,又称分保、再保。

再保险是保险人在原保险合同的基础上,通过签订分保合同,将其所承保的部分风险和责任向其他保险人进行保险的行为。再保险转嫁风险责任支付的保费叫作分保费或再保险费;由于分出公司在招揽业务过程中支出了一定的费用,由分入公司支付给分出公司的费用报酬称为分保佣金或分保手续费。

借助于区块链技术,可以实现不同省份农业互助的再保险,如图 4-7 所示。河北省的农业互助团体可以基于区块链构建一个再保险网络,支付一部分保费给广东、海南、陕西等相距较远的地区,当河北省遇到重大灾害时,一般来说广东、海南、陕西等地区距离河北较远,不会遇到同类型的灾害,有能力进行赔付,从而保证河北地区的农险互助组织平稳度过大灾之年。

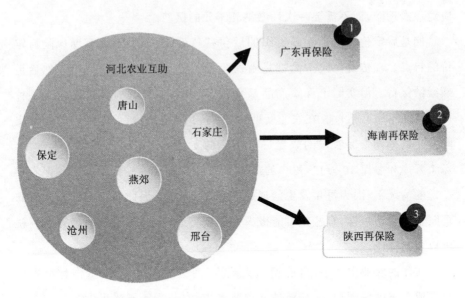

图 4-7　基于区块链的再保险

4.3　区块链在保险征信方面的应用前瞻

读者需要注意的是,因为实际情况涉及法律法规和区块链技术的成熟度,所以目前还远远没有达到能够落地应用的程度,本节仅对区块链在保险征信方面的应用进行探讨、研究和前瞻。

4.3.1　当前车险的状态及痛点

保险业基于对定价、防诈骗的需求,非常注重投保客户的历史保险记录。在车险中,客户的车辆信息、历史出单、理赔等记录对车险的定价十分重要。但是每家保险公司的客户记录都是片面、不完整的,仅凭保险公司自身的数据难以对该客户做出科学全面的评价,因此车险信息共享成为各家保险公司的刚性需求。在此基础上,2010 年 2 月 4 日中保协与各财险公司总公司共同召开了行业车险信息平台项目专题会议,并决定各会员公司共同出资统一建立行业车险信息集中平台。

行业车险信息平台集中了所有保险公司有关车险的所有记录,比如车辆情况、投保、理赔、结案等信息,并根据车辆进行汇总。当客户投保不同保险公司的时候,其业务架构如图 4-8 所示。

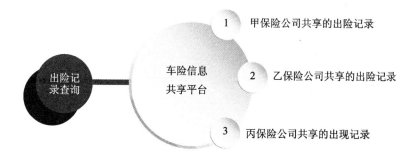

图 4-8 基于车险信息共享平台的业务架构

如图 4-8 所示,保险公司需要根据客户的历史保单和理赔信息来判断如何给客户定价,发生业务时保险公司从行业车险平台通过车辆信息匹配找到历史保单,从历史保单中筛选出在本张保单签单日期前 15 个月内签单的保单信息作为上年保单,从而来判断是否可以承保以及如何为该客户定价。通过共享车险信息平台,保险公司还可以有效防范客户的恶意重复投保、骗保、骗赔等行为。

目前来说,车险信息平台较好地满足了保险行业的要求,但也存在如下改进空间:

一是客户信息归属于平台而不是个人。所有客户信息及各保险公司保单信息均为中心化管理,相当于一座数据金矿,非常富有价值,因此存在一定的数据泄露风险。

二是成本较高。车险信息共享平台需要单独成立一个公司进行平台建设、数据管理和运维,因此在此平台进行数据查询每次均需要一定的费用。根据公安部交管局的显示,截至2017年3月底,全国机动车保有量首次突破3亿辆,其中汽车达2亿辆,如果每辆车承保时均从车险平台进行信息查询,其费用总额十分巨大。

4.3.2 基于区块链的车险平台

区块链天然具有去中心化和数据归属个人的特点,车险平台应用区块链技术可有效改善以上问题。

笔者尝试设计了基于区块链的车险平台业务架构,如图4-9所示。

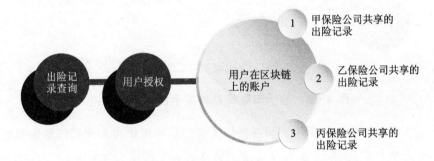

图4-9 基于区块链的车险平台业务架构

首先个人客户在区块链上建立一个账户,公钥对外公布,其密钥只由个人掌握,这样保证该账户下的所有信息必须经过个人授权才能查看。

其次保险公司关于客户的所有历史保单信息,均通过该客户的公钥进行加密后增加到客户区块链账户下,这样加密后的信息只有私钥才能解密,确保没有用户授权就没有办法查看加密信息。

最后在区块链上部署智能合约,专门用来管理用户的历史保险数据,当有保险公司需要查询相关数据时,客户生成一个授权码,在某一时间内(比如一个星期)有效,保险公司将授权码输入到智能合约中,智能合约自动进行判断其合法性并将数据解密提供给保险公司。

使用基于区块链的车险信息共享平台有如下优势：

一是降低运营成本。区块链有助于保险公司去除不必要的中介环节，以低成本方式获取所需要的信用数据，提升整个行业的运行效率。同时区块链平台由于具有多节点支撑运行的特点，可以实现持久平稳运行，降低了传统 IT 平台运行维护成本，可以使保险企业专注于业务逻辑的处理而不用在平台稳定性问题上投入过多成本。另外通过智能合约的应用，提高业务处理自动化程度，降低对第三方的依赖。

二是确保个人数据的隐私和安全。由于区块链的非对称加密、数字签名和智能合约特性，可以确保个人的数据只能通过个人授权才能获取，这样避免了传统 IT 平台数据集中存储的风险，有效防止了由各种原因导致的个人数据大批量泄露的问题。

4.3.3　基于区块链的个人数据征信平台

个人数据征信问题不仅是车险业务，而是在整个金融领域都有强烈的需求。未来，在国家强有力的支持下，有望构建如图 4 - 10 所示的区块链个人数据平台。

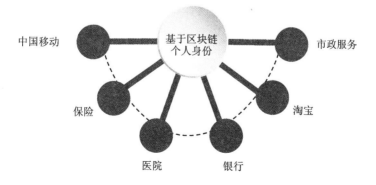

图 4 - 10　基于区块链的个人数据平台

不仅保险信息、医疗信息、银行信息、网络购物信息、市政服务信息均可纳入到个人区块链数字账户下，还可以加入多重签名等技术解决个人密钥遗失后无法找回的问题，从而保证个人数据隐私安全，征信记录全面有效，使得各种涉及征信的业务效率大幅度提高，推动整个社会生产效率的有效提升。

4.4　国外应用案例

4.4.1　Ripple：跨境支付

1. Ripple 简介

Ripple 公司正式成立于 2012 年，是迄今为止发展最为成功的区块链技术公司之一。其推出的 Ripple 网络是全球第一个开放式的支付网络，致力于通过独有的 XRP 支付体系，让世界各地的货币（如美元、欧元、人民币或者比特币等）随意交易与转换，而无需代理银行的参与，交易确认秒级完成，费用几乎为零，从而大幅提高交易效率，削减中介成本。

2. 传统跨境支付与 Ripple 支付

在传统跨境支付体系下，系统繁杂，付款人与收款人之间往往涉及很多的中转银行，支付必须靠不同的消息传递协议和结算协议，利用各种代理银行关系进行处理，从而造成费用和成本较高，结算时间长以及用户体验较差等诸多问题。相关数据显示，每年因为这些中转关系导致的成本已高达 1.6 万亿美元。传统跨境支付操作流程及其弊端如图 4-11 所示。

基于区块链技术的 Ripple 网络，能够有效避开复杂的中转代理关系，在付款人与收款人之间建立更为直接、顺畅的支付通道，做到实时结算，且中

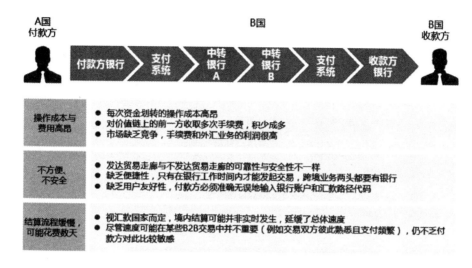

图 4 - 11　传统跨境支付操作流程及其弊端

间手续费极低。数据显示,通过 Ripple＋XRP 方式跨境支付可比传统方式节省约 42％的成本。基于区块链技术的跨境支付将摒弃中转银行如图 4 - 12 所示,传统跨境支付流程与 Ripple 支付流程对比如图 4 - 13 所示。

3. Ripple 具体运作机理*

Ripple 能够以去中心化的方式绕开中转行和代理行,根本在于其背后设置的一整套点对点的支付协议和规则。这些协议与规则是 Ripple 网络的核心。

（1）债权债务关系

Ripple 并非货币,而是一个清算网络。不同于传统银行,Ripple 并不记录用户的账户有多少钱,而是记录该用户欠了他人多少钱,以及他人欠该用户多少钱,即记录的是债权债务关系。

下面举例进行说明。

在现实生活中,朋友和熟人之间经常会发生借贷关系,多头债务问题较

　＊　参考冯驰宇在知乎网上发表的观点,网址是 http://www.zhihujingxuan.com/17178.html。

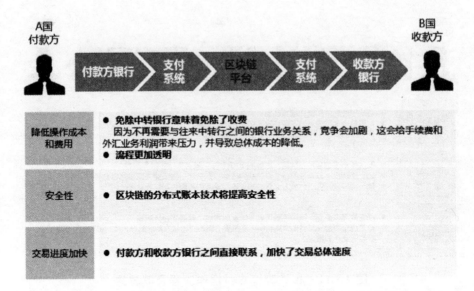

图 4 - 12　基于区块链技术的跨境支付将摒弃中转银行

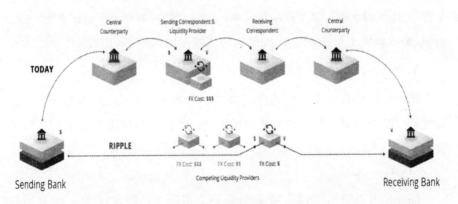

图 4 - 13　传统跨境支付流程与 Ripple 支付流程对比

为普遍。比如 A 欠 B 1 万元钱，B 又欠 C 1 万元钱，三人关系还不错，一合计，可能就会直接让 A 还钱给 C 1 万元钱，B 作为担保人，这使得资金的流动少了一层，无形之中加快了交易效率。当然，这一交易发生的前提是相互信任。如果相互不信任，则这一交易将无法达成。

以上的关系也可以发生在网络世界中，Ripple 网络正是典型的实践者。在 Ripple 中，用户和所信任的人的关系可以转化为用户和信任的网关之间的关系。网关，就是一个网络连接到另一个网络的关口，也就是网络关卡。从一个房间走到另一个房间，必然要经过一扇门；同样，从一个网络向另一个网络发送信息，也必须经过一道关口，这道关口就是网关。网关作为网络与网络、网络与现实世界的接口，犹如银行柜台，将用户的货币转换成其账户里的一串数字。

A 通过信任的网关 G 将 1 万元人民币转换成 G 网关发行的 1 万 XPR（Ripple 体系中的货币单位，假设汇率为 1∶1），A 的 Ripple 账户就有了 1 万 XPR，A 可以通过网关将 XPR 转账给任何一个陌生人 B，陌生人 B 可以通过网关 G 再将收到的 XPR 转换成人民币。在整个流程中，由网关所表示的债权债务关系如下：A 将 1 万元人民币存入网关 G，网关 G 欠 A 1 万 XPR，并给 A 一张欠条；A 将 1 万 XPR 的欠条通过网关 G 传递给 B；此时，G 网关不再欠 A 钱，而是欠 B 1 万 XPR，B 可以拿着欠条找网关 G 兑换成 1 万元人民币。由此可见，通过这种方式，A 与 B 之间的汇兑交易流程变得更为简单，不需要经过其他中转机构。虽然 A 与 B 不认识，但 A 与 B 都信任网关 G，使得交易也可顺利达成。

因此，在 Ripple 网络中，网关是帮助资金进行转移的重要节点。用户需要事先签署一个网关，用户可以通过网关发行自己的欠条，即发行"个人货币"，然后基于欠条进行债权债务关系的转移。这是 Ripple 网络中的一个颠覆性思想，即：人人都可以成为个人货币的发行者，用户可以通过网关自行设定欠条的名称、单位以及与其他货币的兑换关系；而对于信任该网关的用户来说，欠条就是货币，可以像货币一样流通，因为大家都相信欠条是值得信任的，可以作为一种支付方式。这也是纸币为什么能作为法定货币的根本原因。

（2）XRP

XRP 是由 Ripple Labs 公司发行的虚拟货币，又称为 Ripple 币或瑞波币,XRP属于Ripple网络中的内部货币,是Ripple网络中唯一全网通用的数字货币。用户在Ripple网络中,可以将任意货币(包括美元、日元、欧元、人民币等法定货币以及比特币等数字货币)转换成XRP,然后再对任何人进行点对点的转账。XRP是桥梁货币,可以使世界各地的交易通过XPR进行价值转移。

设想一个信誉良好的Ripple网络用户甲签发了自己的欠条XRP币,并规定XRP币与美元的兑换关系是1:1,他用XRP币向信任他的朋友支付账款,收到欠条的朋友可以立即将XRP币兑换成美元。在下一次交易中,他的朋友也会放心地以XRP币的形式支付给其他人账款。如此一来,XRP就能在相互信任的人之中流通。用户甲一开始发行的XRP币在一定程度上充当了法定货币的职能。如果XRP信誉足够好,那么它甚至可以直接在这个圈子里取代美元,从而实现几乎零成本的货币流通。

在具体汇款实务操作中,Ripple会向各大银行开放API接口,各大银行通过Connect软件接入网络中,即可自动进行货币传输。假设境内客户要向境外客户汇款时,境内客户向付款银行发出指令,付款银行通过Connect向Ripple网络发行交易信息,收款银行则通过Connect接收交易信息,诸如费用、付款详情和预计资金到账时间等,同时与Ripple网络交流,并以独有的算法迅速匹配到提供最优惠换汇价格的做市商,然后由该做市商接受付款银行的货币并向收款银行支付其所需的货币。Ripple的算法可以提供最佳的外汇兑换路径(例如:当人民币兑换美元比人民币先兑换日元再兑换美元的路径成本更高时,网络会自动推荐选择后一种路径)。做市商在Ripple网络上充当国际支付的流动资金供应商,其通过Ripple Stream向Ripple网络提交外汇买/卖价格。

Ripple运作机制如图4-14所示。

2015年10月,Ripple推出Interledger协议项目,目标就是打造全球统一支付标准,创建统一的网络金融传输协议。截至目前,Ripple已经和全球

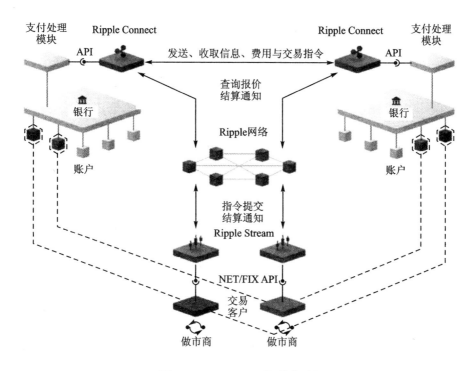

图 4 - 14　Ripple 运作机制

几十家银行进行了合作，其中包括 UBS、美国银行、渣打银行等国际知名金融机构。

　　Ripple 服务客户一览图如图 4 - 15 所示。

图 4 - 15　Ripple 服务客户一览图

4.4.2　ABRA：跨境支付

ABRA 于 2014 年 2 月成立于美国加利福尼亚州，致力于通过区块链技术和共享 ATM 网络，消除汇款业务中间商，为用户提供低价、实时的转账汇款服务，且可实现随时随地的存取款服务。ABRA 公司名称比较有意思，它是 A Better Remittance App 的首字母缩写，意思是 ABRA 意欲打造一个更好的汇款应用 APP。

ABRA 的转账汇款业务发生在双方的 ABRA 账户中，采用"比特币区块链＋银行 ATM"实现 P2P 的转账汇款服务。如果其中一方手机未注册 ABRA 账户，则在他人向其转账时，将收到提醒其注册 ABRA 账户的短信。具体而言，ABRA 转账汇款工作流程主要分为以下三个环节（见图 4－16）：

一是储蓄环节。当用户需要存钱至其手机中的 ABRA 账户时，既可以直接通过银行借记卡账户转账，也可以通过 ABRA 寻找附近的 ABRA Teller，从众多的 ABRA Teller 中选择最适合自己的，然后进行线下当面交易，用现金换取 ABRA 账户中的比特币，ABRA Teller 收取一定比例的手续费佣金。交易达成后，比特币通过网络发送到用户手机的 ABRA 账户中。整个过程由区块链完成信息的记录和确认。对用户来讲，其看到的都是以美元计价的交易，而 App 后台则是通过比特币完成汇款业务。因此，为了保证账户中美元价值的稳定，ABRA 还通过套期保值工具，使汇款金额在到账 3 日内不会受到比特币价格波动的影响。

ABRA Teller 又称为 ABRA 认证"柜员"，当客户搜寻 Teller 时，手机 App 会显示附近所有 Teller 的坐标地图，类似于使用滴滴打车软件时的出租车分布地图，同时还会显示各个 Teller 的费用收取情况、其他用户对其的评分情况等信息。Teller 有动力成为 ABRA 的认证"柜员"，主要是因为可以向客户收费以获得一定的报酬，且收费标准自主决定。对于经过认证的

Teller,ABRA 会对其进行培训,以更好地为其他用户服务。从某种程度上来看,ABRA Teller 可以说是共享经济的最好体现。

二是支付环节。用户可以通过 ABRA 向任何人转账,也可以在支持 ABRA 账户支付的商店里购买商品。当然,用户也可以收取他人的汇款。所有入账的资金均以比特币的形式储存在个人手机的 ABRA 账户中。该账户需要用户唯一的私钥才能打开,保密性能非常好。

三是提现环节。用户在收到他人的转账后,可以将资金转到自己的银行借记卡账户,然后通过银行 ATM 机进行提现,也可以寻找附近的 ABRA Teller,用账户比特币换取现金。

储蓄	支付	提现
通过银行账户向ARBA钱包中充值,或通过Abra Teller用现金充值。	通过ABRA App支付或收到款项。也可以在接受Abra的商店购买商品。	通过App寻找附近的Teller以提现,或通过银行账户提现。

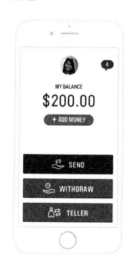  

图 4 - 16 ABRA 工作原理"三部曲"

ABRA 的盈利模式在于向用户以及银行取款机(或 Teller)进行双向收费,如果取款机(或者 Teller)不向客户收取佣金,那么 ABRA 也免费,即不向任何一方收取费用。

截至目前,ABRA 已进行三轮融资,获得风险投资共计 1 400 万美元。截至 2016 年 6 月末,共有 75 个国家的用户进行了 ABRA Teller 的预注册,而在 ABRA 产品先期测试国菲律宾已有 3 万个 ABRA Teller 成功注册,并有合作存款银行 4 家,合作取款银行 14 家。

4.4.3 Circle：境内外支付

Circle 公司的英文全称为 Circle Internet Financial,是 2013 年成立的一家基于区块链技术的支付转账公司,总部位于美国波士顿,致力于为用户提供低成本的货币兑换和跨境支付服务,目前已成为行业领先的 C2C 跨境支付平台,其手机 App(其支付界面如图 4－17 所示)已于 2014 年上线。

图 4－17 Circle App 支付界面

在运作原理上,Circle 将比特币作为后台网络。当用户需要跨境支付时,可以选择将本国货币兑换成相应数量的比特币,再通过比特币网络向境外用户传输;境外用户在收到比特币后,可以选择将比特币兑换成本国货币。Circle 使用户在无需缴纳手续费的情况下，能够以类似发送短信和使用社交媒体的体验即时收付款。

2016 年，Circle 公司获得英国政府颁发的首张电子货币牌照，Circle 公司的用户自此可以在美元与英镑之间自由即时转账，比如身处美国的用户用 Circle 向英国的朋友支付美元，该朋友在英国就可以收到英镑。目前 Circle 支持美元、英镑和比特币的兑换。除转账之外，Circle 还自带社交功能，用户可通过手机 App 向好友分享图片、表情，可以在带有表情或 GIF 动图的信息中即刻完成支付。

图 4-18 所示为 Circle 特点汇总。

区块链福利	瞬间从草根变英雄	如何选择GIF格式？
我们兼容成千上万的数字钱包以及全球接受数字货币的在线购物网站。	用电子邮件或电话号码注册，从而即时进行支付和收款。	利用猫咪照片、热狗表情、憨态可掬的GIF图片或任何您喜爱的内容自定义您的资金消息。
详细信息		

自由处置	真人实时服务	妥善保护您的现金
使用Circle账户免费转移资金，每周支出、卖出或接收无限额。	我们的客户服务团队采用人工服务，您可以呼叫、聊天或发电子邮件求助。	我们利用PIN、触控ID和双设备验证等功能保护您的资金。

图 4-18　Circle 特点汇总

Circle 公司成立以来，备受风险资本青睐，至今已累计获得融资 7 600 万美元，其中在 2016 年 6 月的 D 轮融资中，来自中国的百度、中金甲子、光大控股等公司参与了跟投。Circle 现已向 150 个国家的用户开放，年交易额为 10 亿美元。

4.4.4　BTCJam：网络借贷

2012 年年底，BTCJam 在美国加利福尼亚州山景城成立。2013 年 10 月，BTCJam 获得由 Ribbit Capital、500 Startups、Funders Club 及 Bitcoin Investment Trust 四家公司投资的合计 120 万美元的种子轮融资。2014 年 2 月，为适应规模扩张的需要，BTCJam 将其总部迁至洛杉矶。2015 年 1 月，BTCJam 获得 Foundation Capital、Ribbit Capital、500 Startups、Funders Club、Bitcoin Investment Trust 及 Pantera Capital 投资的合计 500 万美元的 A 轮融资。

BTCJam 是全球第一家比特币 P2P 借贷平台，致力于绕过法定货币的限制，为用户提供全球范围的 P2P 借贷服务，允许全球任何人通过其平台接受贷款。传统的跨境法定借贷，电汇成本高昂，无法实时到账，且难以建立借贷账户，面临相关的法律风险；而 BTCJam 有效解决了这个难题，通过将贷款货币变成比特币，使得无论借款人在哪个国家，都可以低成本地快速获得所需募集的资金。

当借款人需要资金时，只需要在 BTCJam 上创建贷款申请请求，BTCJam 会根据用户的信息以及过往借贷表现进行信用评分，资金出借方可以在众多对象中选择合适的借款人出借比特币，或者设定程序自动为符合要求的申请者提供贷款。贷款完成后，借款人需要周期性地进行还款，一般 BTCJam 的还款期限较短且多样化，期限从 7 天到 1 年不等，偿还频率也不一定是按月，可以每隔 1 天、3 天、7 天、30 天偿还一次。

在盈利模式上，BTCJam 对于贷款人是完全免费的，对于借款人则收取一定的手续费，低于 5 BTC 的贷款收取 4% 的佣金，其他金额收取 1% 的佣金。对于延期不还款的，BTCJam 将收取一定的罚息，罚息为未还款额 5% 与价值 15 美元的比特币二者中的较高值。

和其他 P2P 平台一样,BTCJam 也会对借款人进行信用评分,分为 A+
到 E 多种类型。评分基础基于多种因素,包括传统信用数据、身份验证和社
交网络等信息。BTCJam 尤其鼓励其客户关联 Facebook、LinkedIn、ebay 和
PayPal 等账户,以获得该用户更多的社交数据,实现更精准的信用评分。
BTCJam 信用评级因素如图 4-19 所示。

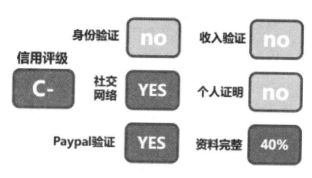

图 4-19 BTCJam 信用评级因素

相比于其他投资方式,BTCJam 为贷款用户提供了更高的收益(见
图 4-20)。除此之外,BTCJam 还对不同风险的借款人的贷款需求进行打
包,分为保守型、稳健性、进取型三类资产。保守型资产回报率最低,稳健性
次之,进取型最高,因此可以满足不同风险偏好类型投资者需求(见图 4-21)。

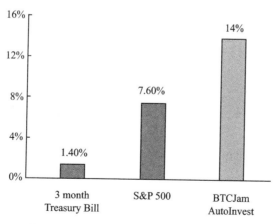

图 4-20 资产类别年化回报率比较

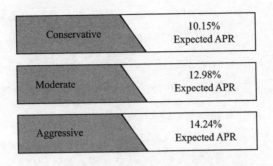

图 4 - 21　BTCJam 满足差异化投资需求

BTCJam 发展迅速,放贷量持续增长,2015 年末贷款总量已超过 1 500 万美元,服务于全球 130 多个国家的 2 万多客户(见图 4 - 22)。

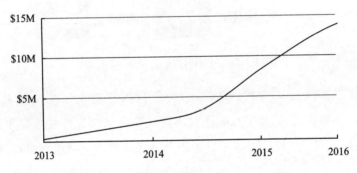

图 4 - 22　BTCJam 贷款规模增长迅速

4.4.5　Wave:供应链金融 & 贸易金融

Wave 是一家以色列的初创公司,致力于通过区块链技术让贸易金融的业务流程数字化,从而完全取代当前的人工纸币流程,减少人为介入,提升业务处理效率,防范操作风险。2016 年 9 月,Wave 与巴克莱银行共同完成了全球首笔基于区块链技术的贸易交易,担保了价值约 10 万美元的由爱尔兰 Ornua 公司向 Seychelles 贸易公司发货的奶酪和黄油产品。该交易在 4 个小时内即已完成,而传统方式需要耗时 7~10 个工作日。

传统贸易金融业务流程存在诸多的痛点。在以信用证结算为支付方式的贸易融资流程(见图 4-23)中,买家与卖家之间涉及多个参与主体,有开证行、通知行、议付行等,相互之间的资料往来多且频繁,出口相关的单据往往通过邮寄的方式在进出口双方的银行和客户之间进行传递,除了中途有丢件的风险、处理时间长达数月之外,贸易单据造假的情况频频发生。同时,由于过多的人工介入,人力成本极高,且容易发生操作失误的情况。

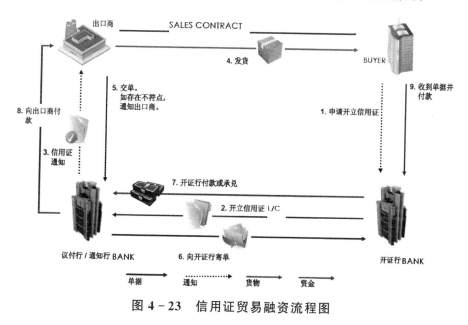

图 4-23 信用证贸易融资流程图

采用区块链的分布式共识机制,以上痛点可以得到很好的解决。其基本原理是在连接所有运货商、银行、货运代理人、贸易商、港口的供应链的各节点上,借助区块链的数字签名技术,达成共识,分布式实时更新技术可以保证上述各方的通信可以直接相互进行,智能合约技术可以保证相关指令自动执行,无须借助每个环节中的中心化实体,由此大幅提升流程效率和执行力。借助区块链实现贸易流程的自动化需经历三大步骤:一是将纸质信用证转换成可以自动执行支付的智能合约;二是将提单等纸质文件数字化,并以元数据的形式储存它们;三是在每一步创建所有权记录。

以区块链方式解决传统贸易金融业务流程中的痛点，Wave 公司无疑是这方面的典范。Wave 用电子数据取代纸张文件，并将电子数据在区块链中进行储存。货物从一个港口到达另一个港口，货物拥有权的变化将记录为一次交易，并通过各个港口的私钥进行记账。对应的智能合约将会记录纳入货物相关的所有权更新，对应的付款也会自动传送给指定的港口。因此，通过 Wave 产品可以实现贸易流程的数字化，并通过将信用证、提货单及国际贸易流程的文件放到公链上，使公链自动进行认证与不可篡改的验证；同时，基于区块链的数字化解决方案，取代现今的纸笔人工流程，实现端到端的透明化，提高处理的效率并降低风险。正如 Wave CEO 所言，"既然相关方都同意了，那么大家都可以相信这份文件，因此我们可通过这种方式发送提单，消除所有安全和数据顾虑，免去漫长的提单传递过程。"

据麦肯锡预计（见图 4 - 24），如果在全球范围内实现区块链技术下的供应

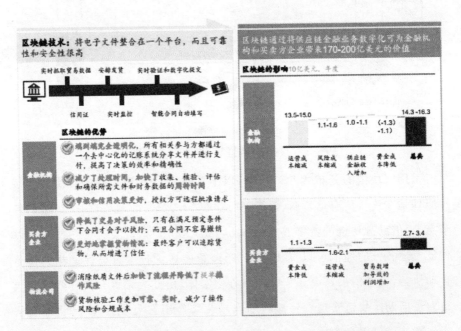

图 4 - 24　区块链推动贸易金融与供应链业务的数字化应用和成本节约

链金融或贸易金融流程自动化,则可为金融机构贸易融资企业带来 170 亿～
200 亿美元的成本削减。其中,金融机构年运营成本节省 135 亿～150 亿美
元,风险成本节省 11 亿～16 亿美元;贸易融资企业年资金成本下降 11 亿～
13 亿美元,年运营成本下降 16 亿～21 亿美元。

4.4.6 Chain:股权交易发行

Chain 公司成立于 2014 年,致力于为金融机构提供基于区块链技术的
API 等基础设施服务。截至目前,Chain 公司已获得 4 370 多万美元的风险
投资,投资方包括 Nasdaq 公司、VISA 公司、花旗银行、第一资本等大型金融
机构。2015 年年底,Chain 公司为 Nasdaq 公司推出了 Linq 系统记录投资者
的股权交易,并在 Linq 上发行了自己的股票。

在 Nasdaq 公司的股权交易流程(见图 4 - 25)中,一般包含执行(Execu-
tion)、清算(Clearing)、结算(Settlement)三大步骤。

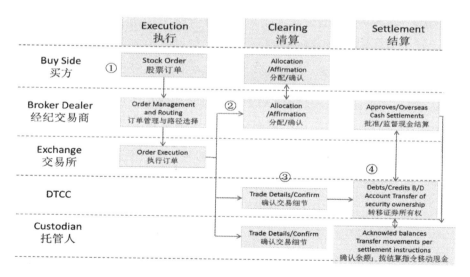

图 4 - 25　美国 Nasdaq 市场股票交易流程

执行，即：投资者下单买卖股票后，将订单（包含股票代码、价格、股数等信息）发送给经纪人/交易商；经纪人/交易商会选择最佳的服务路径，在交易所执行该订单。

清算，即：交易执行后，交易确认信息将发送给经纪人和投资者，以确认订单信息的准确性；经纪人/交易商和投资者完成确认后，交易信息将进一步发送给 DTCC（扮演中央证券托管系统和中央结算对手的角色）以及托管人；DTCC 和托管人将根据交易信息调整账本以反映即将要进行的券款对付结算。

结算，即：买卖双方进行现金和证券的所有权转让，以最终完成交易。在美股市场，结算一般是 $T+3$，即便投资者可以看到账户上有证券或者现金资产，也需要 3 天后才可以交易使用。

互联网技术的发展，已经使得股票买卖更为便捷和更具效率，但对于繁琐的交易流程而言，依旧有诸多痛点亟待解决：一是交易信息的执行与确认等过程涉及多个利益相关方，每一个相关方都可能对交易信息提出异议或做出修改，且由于信息共享的非即时性，交易信息将呈现很多版本，导致需要人工进行最终的协调和确认；二是交易结算时间较为漫长，美国股市是 $T+3$，我国 A 股是 $T+1$，股票结算不能做到实时，难以满足千变万化的股票市场发展需求；三是交易执行、资产保管以及现金与证券的转移都需要依赖于经纪人、交易所、结算中心以及托管行等，如果其中一方不及时履行职责，则将引发违约风险或者交易滞后风险；四是流程冗长，这无疑增加了运营风险和人为的操作风险等。

区块链的发展为以上痛点提供了解决方案。区块链技术通过智能合约的方式，实现交易所自动化交易结算，并绕过第三方（如 DTCC 等），提高交易速度，降低成本，降低运营风险，减少人为错误。Chain 与 Nasdaq 合作推出的 Linq 系统就是这方面的典型例子。

Linq 致力于利用区块链技术来实行私有股权的自动化发行和交易，帮助客户摆脱中间清算结算机构实现直接的资产交易,将原本的 $T+3$ 交易变成近乎实时。相比于传统的股权发行交易依赖于律师、excel 电子表格等方式,Linq 最大的创新是以上皆不需要,完全是自动无纸化操作。在 Linq 上,股份发行人在登录后可以看到一个可管理估值的仪表板(见图 4-26),发行人可以对每轮融资的发行价格以及提供股票期权的比例进行管理。

图 4-26　Linq 估值仪表板

除了估值仪表板之外,Linq 还设有股权时间轴视图(见图 4-27),用来显示股份拥有者以及股份价格等数据。已经完成的交易在时间轴上会变成灰色,表示已作废。网络内有权限的用户还可以看到箭头,这些箭头说明了股份是如何被转移和划分的。图中每一个单独的圆圈都代表一个有效的证书,每种颜色代表特定的资产类型(这些资产的类型由发行人、股票类别以及轮次进行定义)。

通过 Linq,企业家可以自主地与其他机构或个人进行直接的股份发行和分配,同时将股权时间轴视图记录在区块链上,保证交易的真实性与不可篡改性。虽然 Linq 目前还只是一个初级的股权管理交易平台,代替的是电子表格登记和管理,但预计很快就将实现利用智能合约来帮助交易所快速清算的功能。

基于区块链技术的股权发行流程与传统发行流程的比较如图 4-28所示。

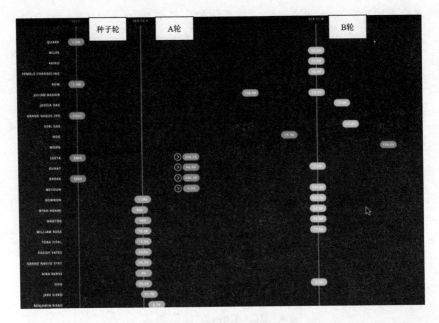

图 4 - 27　股权时间轴视图

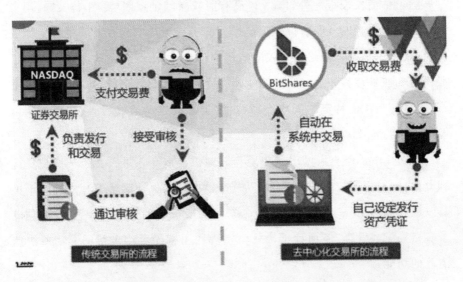

图 4 - 28　基于区块链技术的股权发行流程与传统发行流程的比较

4.4.7　DAH：股权交易发行

　　DAH 英文全称为 Digital Asset Holdings，中文名称为数字资产控股公司。该公司成立于 2014 年，总部设在美国纽约，致力于成为一家专注于为金融机构开发基于区块链技术的各类资本市场应用的软件公司，目前其产品主要是为金融机构的结算与清算提供分布式账本解决方案。目前，DAH 已获得来自于荷兰银行、埃森哲、澳洲证券交易所、法国巴黎银行、Broadridge 金融解决方案、花旗银行、芝加哥交易所风投、德意志交易所集团、ICAP、桑坦德风投、证券托管清算公司（DTCC）以及 PNC 金融服务集团等的首轮 6 000 万美元融资，估值 2 亿美元。其创始人 Blythe Masters 曾是摩根大通大宗商品全球主管，更被称为"华尔街女皇"。

　　2016 年初，DAH 击败 400 家竞争对手，被澳大利亚交易所（ASX）委任开发股票中后台交收结算系统，研究用区块链代替 CHESS（澳洲证交所的现金证券清算和结算系统，即证券的电子化登记系统）。2016 年 8 月，澳大利亚证券交易所即宣布完成首个版本的替代型分布式账本结算系统。

　　DAH 为澳大利亚交易所设计的这套结算系统，旨在允许所有的参与者，在同一个数据库中进行实时的资产交易，让数字资产在交易的对手方之间进行转移而无需任何中央机构来负责交易记录，从而摆脱传统证券发行与交易手续繁杂且效率低下的弊病。

4.4.8　ShoCard：身份识别

　　ShoCard 于 2015 年由雅虎前高级副总裁 Armin Ebrahimi 和 Coupons.com 前董事 Jeff Weitzman 共同发起创立，它是一家致力于利用区块链技术来验证身份的初创公司。2015 年 7 月，ShoCard 获得 150 万美元的风险投资,其投资方来自雨云创投公司（AME Cloud Ventures）、数字货币集团（Digital Currency Group）、毅创投资（Enspire Capital）和莫拉多风险投资公司。

身份识别和信息保护是一个世界性的难题。截至 2016 年,有 130 亿个设备与互联网相连。到 2020 年,这一数字预计将扩大到 400 亿。这些设备存储着大量的居民个人信息、身份信息及银行卡信息,这些信息对于个人隐私和财产安全是至关重要的。然而,每年都会发生大大小小、不计其数的信息盗取和泄露事件,让居民财产蒙受巨大损失。从身份盗用方面看,每年有大约 1 500 万美国居民的身份被冒用。身份盗窃案件对美国经济造成的损失总体估计达到每年 1 000 亿美元。

ShoCard 的推出,正好有效地解决了以上痛点。与传统的依赖 U 盾、账号密码、CA 证书等身份验证方式相比,ShoCard 创建了一种电子化的身份管理运用 App,实现将个人身份信息加密保存于区块链中,当需要进行身份验证时就共享区块链上的身份信息,从而取代繁琐的传统身份识别流程。

具体做法是:用户将个人身份证件以及社保账号、银行卡、照片等信息上传到 ShoCard App 中,该 App 会自动识别这些信息,并对这个用户数据提取一个数据指纹,同时会给用户生成一个公钥和一个私钥,用户可通过私钥将电子化的数据加密储存于区块链中。为了保证上传信息的真实性,用户需要给一家独立第三方认证机构发起认证请求。该第三方可以是银行、公安局、电信公司,也可以是私人公司。第三方认证机构将通过面对面核实、电话验证、短信验证等方式确认用户信息的真实性。如果验证结果没问题,则第三方认证机构将对用户信息进行数字签名,表明以自身名誉担保并认可这个用户身份的真实性。

相比于传统的身份验证方式,ShoCard 的身份验证方式具有较为明显的优势:一是认证结果一旦被记录于区块链上,将不可被篡改,同时信息储存去中心化,数据保存在分布式账本上,而非中央服务器上,因此可以更好地

规避信息泄露事件；二是区块链是公开共享的平台，只要用户授权，其认证
结果任何人都可以查阅，因此，用户只需要认证一次，就可以在后续任何生
活场景中通过个人私钥授权的方式向他人证明"我就是我"，避免重复认证；
三是用户可完全控制这些数据，因此用户可以选择性地公开全部或者部分
身份信息，更好地保障个人的隐私和信息安全，例如只分享年龄相关信息来
购买香烟和酒，而无需泄露目前的居住地等信息。

应用场景 1：银行账户登录（见图 4 - 29）。在登录银行账户时，常常需要
输入容易被黑客窃取和容易被用户忘记的用户名和密码，但通过 ShoCard，
用户只需要打开手机上的 ShoCard App，扫描一下银行登录页面上的二维

图 4 - 29　ShoCard 账户登录示意图

码,然后 ShoCard App 将收到一条推送通知,要求提供指纹验证,用户提供正确的指纹之后,即可自动登录银行账户。

应用场景 2:银行账户问题处理。银行账户出了问题,用户一般需要呼叫银行客服进行处理。在处理之前,银行客服会询问用户一些账户相关的问题,以确认其是账户的合法所有者。这些问题可能是你的账号名称、你的密码、你母亲的生日等,复杂繁琐。使用 ShoCard,一切都将变得更为简单,银行客服将申请身份验证的通知发送到用户的 ShoCard App 中,用户提供指纹验证后即可确认其身份。

应用场景 3:旅行过程相关的身份验证。当乘客在机场安检口办理登机手续时,一般需要出示个人身份证或者护照。但通过 ShoCard 应用,乘客只需要扫描二维码,并向安检人员分享自己的身份信息即可。对于经常乘坐航班的商务人士来说,免去了频繁出示身份证的烦恼,也避免了因为身份证忘带或者丢失而带来的困扰。

4.5 国内应用案例

4.5.1 微众银行:贷款清算

微众银行是国内首家互联网银行和民营银行,由腾讯、百业源和立业等多家知名企业发起设立,2014 年 12 月经监管机构批准开业,注册资本为 42 亿元人民币。

微粒贷是微众银行推出的首款互联网小额信贷产品,2015 年 5 月在手机 QQ 平台上线,同年 9 月在微信平台上线,为超过千万的用户提供便捷、高效的贷款服务。截至 2016 年年底,微粒贷累计放款量达 1 600 多亿元。作为一家没有物理网点的银行,其自身吸储能力有限,放款资金 80% 来自于其他同业银行,合作方式是联合放贷。放贷日利率为万分之五,年化利率为 18.25%,其中微众银行获得 30% 的利息分成,其他合作银行获得剩余的 70%。

2016 年 5 月微众银行披露,微粒贷合作银行已达 22 家,未来这一数量将达到上百家。在这样的合作模式下,对于微众银行来说,随着放款规模的进一步扩大、合作方的增加,加上贷款业务本身的特殊性,与合作银行间的资金清算对账工作将变得异常复杂,微众银行运营效率压力陡增。

在传统贷款清算模式下,交易和资金结算是分开的,双方银行各自记账,然后交易完成后,双方再花费大量的人力物力对账。因为数据是由对方记录的,双方无法确认这个数据的真实性,也无法实时了解备付金账户信息、贷款借还明细与记账差异因素等,只能通过日终对账文件获取信息,增加了合作双方的流动性管理难度。同时,各自记账也需要双方各自开发对账系统,缺乏统一的系统间账务信息,这无疑增加了银行间合作的复杂性。传统联合放贷模式:交易和清算在不同阶段完成如图 4-30 所示。

① 交易:微众从华瑞借入50万元,双方分别在本地数据库记录

1	¥ 500 000	借方	微众银行
		贷方	华瑞银行

1	¥ 5 000 000	借方	微众银行
		贷方	华瑞银行

② 清算:把清算账务文件发给对方,进行逐项核对

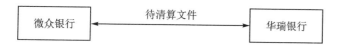

图 4-30 传统联合放贷模式:交易和清算在不同阶段完成

鉴于此,2016 年 8 月微众银行与另一家民营银行华瑞银行联合开发的基于联盟型区块链技术的银行间联合贷款清算平台(见图 4-31)投入试运行,用于优化两家银行微粒贷联合贷款的结算、清算。通过该区块链系统,

所有与贷款发送的信息都记录在区块链网络上,一经记录便无法篡改,交易过程伴随清算过程自动化进行,实现实时清算效果,免去数据交换及清算对账带来的繁杂工作,如图 4 - 32 所示。

接口功能:
1. 了解信贷及资金交易信息
2. 进行实时的头寸监控
3. 免除依赖日终对账文件进行
   清算对账的繁重工作

图 4 - 31 微粒贷联合贷款清算平台示意图

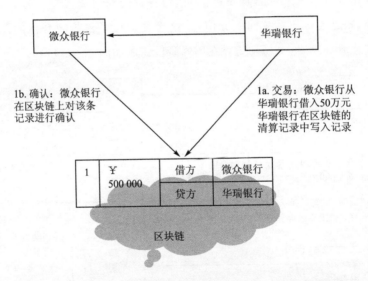

图 4 - 32 区块链联合贷款模式:交易和清算同时完成

该联合贷款清算平台正式使用至今运行良好,未发生相关故障。截至 2017 年 3 月底,该平台在生产环境中运行的应用数据记录笔数已达 220 万,目前已有上海华瑞银行、洛阳银行、长沙银行 3 家银行机构接入微众银行区块链网络。

4.5.2　中国银联：积分兑换

中国银联是中国银行卡联合组织，主要通过银联跨行交易清算系统，实现商业银行系统间的互联互通和资源共享，保证银行卡跨行、跨地区和跨境的使用。在区块链研究和实践方面，中国银联走在了国内金融机构的前列。

2016 年 9 月 23 日，中国银联与 IBM 联合预演了"使用区块链技术的跨行积分兑换系统"。该系统允许跨行、跨平台兑换奖励积分，经过几步简单的操作，用时不到一分钟，消费者即可实现跨行积分兑换。2017 年 3 月，跨行积分兑换系统的发展更进一步，银联控股子公司银联数据利用区块链作为底层基础架构，研发上线了一款共享积分系统，将区块链技术应用于银行间积分管理及跨行积分兑换。该新系统目前已成功在几家银行间完成了测试，后期将逐步部署，并有望成为中国首个大规模的区块链商用平台。

信用卡奖励积分是银行常用的提升客户忠诚度的营销方式，但是由于积分使用场景有限、支付操作繁琐，故信用卡积分兑换并不为用户所关注，大量积分闲置浪费。尤其是对于有多张信用卡的消费者来说，不同银行间的积分与礼品系统是相互分割的，无法合并使用，常常使得很多用户出现"攒了 A 银行的积分却无法兑换到中意礼品，看中了 B 银行的礼品但积分却不够用"的情况。

为消除这个痛点，有人提出搭建跨行积分兑换系统，通过一个中心化的中转枢纽打通各银行间的积分兑换，类似于银联的角色。但很明显，这种模式下的系统构建成本是很高的。系统的构建成本最终还是需要消费者买单，如果大家兑换积分也要像转账一样缴纳千分之一的手续费，那么使用者估计会寥寥无几。因此，要使用近乎零成本的积分兑换，依托区块链技术成为必然之选。

基于区块链技术，银联构建了一个开放的积分兑换平台。消费者作为积分拥有者可以加入进来,银行作为积分发放者也可以加入进来,商户也可以加入进来,形成一个大的互联互通的网络。由于采用分布式网络,新成员的加入和旧成员的退出只是网络节点的变化,完全是程序的重新自动重组,不涉及很复杂的系统搭建,故成本很低。同时,通过这个网络,消费者可以与他人交易自己通过购物和其他奖励措施所获得的积分,也可以去加入网络的线下超市或商场,使用奖励积分兑换商品。

除此之外,在积分兑换实际操作中,交易与结算往往不是实时的。消费者在兑换积分之后取走商品,但商户需要在银行证明用户积分、结算之后才能最终完成交易,确认收入。这就需要花费较长的时间成本和人力成本进行核对与确认。基于此,智能合约功能就发挥作用了,用户在各种场合用卡符合要求后产生积分,积分的记账、清算,账户的管理和对账,积分的互换和兑换礼品,都可以由智能合约自动完成,实现"交易即结算",从而大大提升积分兑换处理效率。另外,由于区块链保存有完整的交易数据历史信息,可以实现对积分做整个周期的回溯,对错误和违规行为能及时处理,从而避免了合作成员间的不信任和信息不对称的情况发生。

从目前情况看,银联的积分兑换系统普及尚不广泛,后续发展仍依赖各银行间的合作情况及技术的实战效果,但积分兑换系统作为银联区块链落地的标志性产品,给未来区块链应用带来很大的遐想空间。

第 5 章

区块链面临的挑战及未来展望 [*]

---

* 本章由何广锋完成。

5.1 区块链面临的挑战

区块链技术让我们能以全新的眼光看待这个世界,其去中心化的特性正在改变着商业合作以及人们与社会互动的方式。但瑕瑜互见,技术优点突出、获誉众多的区块链,在实际落地运用中并没有那么被看好,质疑声如影随形,很多缺点逐渐显现出来,以至于有人声称"区块链是人类历史上最危险的主意"。目前,对于区块链最多的质疑,主要还是集中于其技术本身的问题,如高能耗、扩容、并发交易处理、效率、安全性等难题,这些是区块链未来不得不面对的挑战。毫无疑问,只有成功解决了以上难题,区块链才称得上是"颠覆未来的技术",否则一切都将是纸上谈兵。

5.1.1 高能耗

在国际金融学中,有一个著名的理论叫蒙代尔"不可能三角"(见图 5-1 (a)),意思是在开放经济条件下,一国货币政策的独立性、固定汇率、资本自由流动三者不能同时实现,最多只能同时满足两个目标。而在数字货币中,也存在同样的"不可能三角"难题(见图 5-1(b)),即在区块链技术下,去中心化、低能耗、安全性这三者不可能同时实现。

当前的中心化体系中,核心记账节点往往只有一个,同时信息的交互也只经过该中心机构,有效解决了高能耗问题;但区块链成功实现了去中心化与安全性,但却带来了高能耗问题。区块链目前的技术框架还是基于挖矿,基于全民参与记账,因此需要全球多数节点参与价值交互过程,无形之中增加了工作量,带来了高能耗问题。相关数据显示,目前全球每天用于挖矿的电费高达 100 万美元,这带来了巨大的资源浪费。

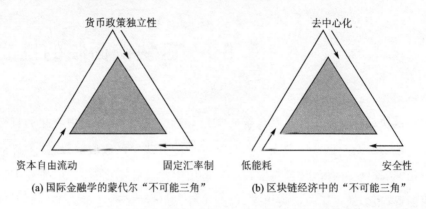

(a) 国际金融学的蒙代尔"不可能三角"　　(b) 区块链经济中的"不可能三角"

图 5-1　国际金融学与区块链经济中的"不可能三角"

5.1.2　扩　容

区块链是一个超级账本,从创世区块开始,每一次价值交换信息都被记录于某一区块中,因此,随着交易越来越频繁,区块创建速度越来越快,区块所包含的信息和数据也越来越多,这势必对保存区块链的网络节点的存储空间提出了更高的要求。有数据显示(见图 5-2、图 5-3),2015 年年初全网区块链容量为 27 GB,2016 年年初则增长至 54 GB,2017 年年初,这一数字进一步刷新至 94 GB,年增长率为 100%。如果按照这一速度继续增长下去,那么信息和数据量将爆炸式膨胀,从而引发更大的难题:一是以目前的下载速度,任何节点下载一个区块数据将花费更长的时间,无形之中增加了交易达成的时间;二是对节点存储服务器的要求越来越高,服务器更新换代的压力和成本骤增。因此,未来如何给区块链"减负"将成为技术攻克的重点。

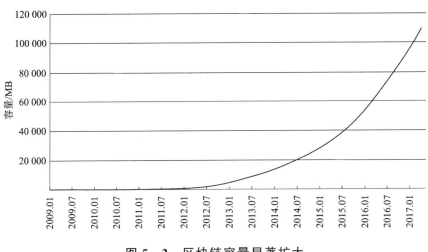

图 5 - 2　区块链容量显著扩大

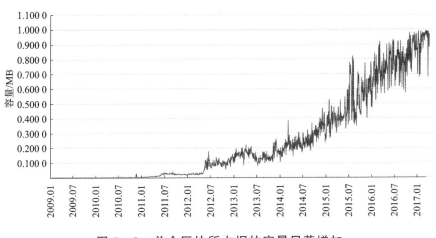

图 5 - 3　单个区块所占据的容量显著增加

5.1.3　并发交易处理

区块链(尤其是公有链)的核心思想是人人参与记账,人人参与信息验证,以此保证信息不可篡改。但可想而知,如果让人人都参与交易,那么对系统的处理能力要求将非常高,系统稳定性至关重要。从目前的技术看,比特币网络每秒仅能处理 1 笔交易,理论上的最大值也只有 7 笔,且交易确认时间至少为 10 分钟。对于海量交易来说,这样的运行效率显然是不合格的,远远无法满足全民参与记账的要求。以全球最大的第三方支付公司支付宝为例,2016 年"双十一"总交易额超 1 207 亿,吸引了 235 个国家和地区的人民参与,支付处理峰值达到每秒 12 万笔,是 2015 年支付处理峰值每秒 8.59 万笔的 1.4 倍。由此可见,当前区块链的并发交易处理能力离支付宝的峰值相差甚远,更不要说实现全民记账。未来,如何提高区块链的并发交易处理能力也是技术开发的重点。

5.1.4 去中心化

区块链的最大特点之一是去中心化,称去中心化可以大大提升效率。但是,从当前发展的实际来看,中心化必然代表低效率吗?自然不是的。在特定的范围内,中心化带来的资源集中是可以大大提升效率的,这也是人类进化过程中从个体到村落到部落再到国家的原因。以银联为例,银联是国内银行业清结算的中心,银联成立后,每家银行只需要和银联对接即可实现和所有银行的交易,若去中心化呢?没有银联,每家银行需要和所有的交易对手去对接,效率孰高孰低?所以,没有必要将中心化一棍子打死,区块链的去中心化特征,是否注定它只能在特定领域(即不适合中心化的领域)发挥作用,而不能颠覆一切?这值得我们深思。

5.1.5 安全性

区块链的安全性在于采用非对称加密技术,但这个技术其实很早就有,只不过区块链将其发扬光大了。因此,早已存在的非对称加密技术就一定安全吗？显然并不一定,比特币屡次被盗就证明了这一点:2014 年 2 月,Mt. Gox 宣布其交易平台的 85 万个比特币被盗一空;2014 年 12 月,黑客 Johoe 从 blockchain.info 钱包里盗取了 300 个比特币;2016 年 8 月,香港比特币交易所 Bitfinex 遭黑客入侵,总价值约 7 500 万美元的比特币被盗。比特币是区块链目前最为成功的应用,但比特币被盗事件屡屡出现,不禁让人怀疑区块链的安全性到底有多高? 除此之外,2016 年 6 月,全球最大的区块链众筹组织 The DAO 遭到黑客攻击,损失超过 6 000 万美元以太币,区块链安全性再一次备受质疑。

如何在区块链架构下保证足够的安全性,或许是技术最需要迈过的一道门槛。

从目前的情况来看,我们还有很长的路要走。

5.1.6 人才缺乏

未来商业形态的竞争,无疑在于科技的竞争,在于人才的竞争。区块链作为全新的技术,正以星火燎原之势蓬勃发展,人才需求急剧膨胀,人才短缺形势严峻。

美国杜克大学福库商学院金融教授 Campbell Harvey 说,"区块链的领先者们正竭尽所能争夺行业的顶尖人才。"

"不仅我们公司,现在各家公司都在抢夺人才",PwC 金融技术主管杰米里·德雷恩(Jeremy Drane)也表示,"区块链行业现在面临的第一大问题是人才紧缺问题。"

从国内情况看,各大机构都在竞相招聘区块链专业人才(见图 5 - 4),区块链开发工程师一人难求。各大招聘网站上,开出几十万、上百万年薪来招聘区块链研发方面工程师、专家职位的案例已屡见不鲜。真正优秀专业人才的缺乏,或许是短期内限制区块链快速发展的最大瓶颈!

职位名称	反馈率	公司名称	职位月薪	工作地点
☐ 技术经理（区块链）		上海瑗值资产管理有限公司	18000-23000	上海-黄浦区
☐ 区块链技术经理		北京世纪新干线网络技术有限公司上海分公司	30001-50000	上海
☐ 区块链高级软件工程师		北京世纪新干线网络技术有限公司上海分公司	20001-30000	上海
☐ 区块链工程师		北京职库网络科技有限公司	20001-30000	上海
☐ 区块链开发工程师		上海知平信息技术有限公司	15001-20000	上海-虹口区
☐ 区块链高级软件工程师-QKLJF	71%	厦门国际金融技术有限公司	20001-30000	上海
☐ 区块链研究员		上海中资联财富投资管理有限公司	20000-40000	上海-宝山区
☐ 区块链开发高级工程师（上海）		福州海神宽频信息技术有限公司	15001-200UU	上海
☐ 区块链开发工程师（上海）		福州海神宽频信息技术有限公司	10001-15000	上海
☐ 区块链技术和应用专家		江苏中地控股集团有限公司	60000-90000	上海

图 5 - 4　区块链职位人才招聘

5.1.7　违法犯罪风险

区块链作为一项划时代的技术，从根本上解决了效率和成本的问题，但与此同时，其去中心化、匿名性等特征却使得政府监管变得更加困难。以比特币为例，其不受任何组织监管、全球可自由流通等特性，使得比特币天然受到黑客、恐怖分子、洗钱者的喜爱与追捧。近年来，利用比特币进行洗钱、走私、贩毒、军火交易等犯罪的丑闻不断曝光，以至于有人说"比特币是犯罪分子的专属货币"。

最突出的优点往往也是最致命的缺点，区块链技术亦是如此。超前的技术优势，往往带来监管层面的空白，并可能由此引发严重的违法犯罪。

2017 年 5 月，中国人民银行成立了金融科技（FinTech）委员会，旨在加强金融科技工作的研究规划和统筹协调，这正是监管部门面对新技术冲击下的应对之策。

区块链技术本身并不可怕,重要的是它被什么样的人所掌握,被用来做什么。从目前的情况来看,有必要加强对区块链技术的研究和监管,正本清源,约束非法交易,防范系统性风险,引导行业健康发展。

5.2　区块链未来展望

尽管区块链在实际运用方面还面临诸多的挑战,甚至运用不当还可能引发系统性风险,但即便如此,也不可否认区块链技术的伟大之处。人类进步的源泉在于技术创新,对于区块链这项新技术,我们仍需报之以极大的热情,相信区块链可能在不久的将来极大地推动人类社会的进步。

挑战无处不在,我们相信区块链最终将迎来全面应用的曙光。

5.2.1　四种典型策略

面对区块链所带来的历史机遇,国际巨头们纷纷制定了有效的应对策略。总结来看,主要有以下四种。

一是组建行业联盟,参与制定行业标准。区块链技术作为新兴的革命性技术,自诞生至今,依旧处于初级阶段,其架构、模式选择及未来应用也处于探索之中,诸多问题尚未形成共识,未来发展仍具有较多的不确定性。在此背景下,组织建立行业联盟,联合相关人士探索区块链技术的行业标准以及商业落地模式成为首要选择。典型的有 R3 联盟、Hyperledger、China-Ledger 等,见图 5 - 5。

二是投资入股区块链科技公司。在区块链应用还有待探索的前提下,

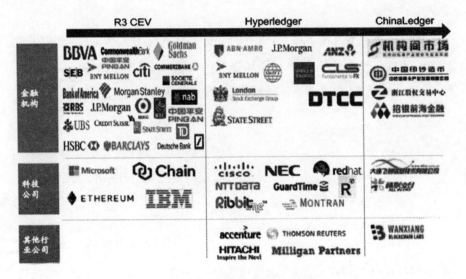

图 5-5　知名区块链联盟

投资入股相关金融科技公司,通过资本以小博大无疑是分一杯羹的最佳举措。2015 年以来,诸多金融巨头以投资的方式参与到区块链的实践中,如2015 年 1 月西班牙对外银行旗下的风投公司参与了 Coinbase 7 500 万美元的 C 轮融资;2015 年 4 月高盛联合其他机构向比特币金融服务初创公司Circle 注资 5 000 万美元;2015 年 9 月 VISA 公司携手其他金融机构向区块链基础设施供应商 Chain 公司投资共计 3 000 万美元。

三是与区块链科技公司合作,共同探索区块链核心应用。在新技术面前,一切都是重新开始,任何机构都不存在比较优势。因此,与其他公司合作,优劣互补也是公司介入区块链领域的重要路径。如 2016 年 10 月,VISA与 Chain 对外宣布将联合推出 VISA B2B Connect——基于区块链技术的B2B 支付平台,以有效改善目前跨境汇款效率和成本效益。Earthport、Fidor Bank、Cross River Bank 等银行与 Ripple 合作,共同打造全球统一的支付标准、统一的网络金融传输协议,实现低成本、高速度的跨国转账支付。UBS、桑坦德银行、德意志银行和纽约梅隆银行与英国经纪商 ICAP 和

Clearmatics 技术开发商进行合作,联合开发原型结算币。巴克莱银行与比特币交易所 Safello 达成合作协议,联合探索区块链技术如何加强和提升金融服务能力。

四是公司内部自主研发,成立相关区块链研究机构。为了让区块链技术的成果更为可控,更符合自身业务场景发展要求,很多巨头也在企业内部成立相关研究机构,探索区块链与自身业务的有效融合,如 2015 年 UBS 在伦敦成立区块链技术实验室,研究为债券发行及清算提供区块链行业解决方案。花旗银行成立花旗创新实验室,研发出三条区块链,并在上面测试运行了名为花旗币的数字加密货币。

5.2.2　发展路线图

根据麦肯锡发布的金融中介机构应用区块链效用路线图(见图 5 - 6),区块链的发展呈现如下的路线:2014—2016 年,区块链技术处于评估阶段,各行各业在评估区块链对于金融资产的价值;2016—2018 年,区块链技术进入概念认证阶段,各类公司开始在相关资产上探索区块链的落地引用,判断其性能、成本、速度、效率是否可超越传统金融手段,是否可以大规模的推广;2017—2020 年,区块链技术进入区块链基础设施形成阶段,通过共享基础设施,开发 KPI 接口,使区块链得到更广泛的应用;2021—2025 年,进入区块链技术大范围使用阶段,区块链技术逐步成熟,性能趋于稳定,越来越多的应用场景都已内嵌入区块链技术。

对我国来说,区块链技术在发展进程上与欧美国家还存在不小的差距,推进力度还有待大幅增强。总体来看,我国还处在区块链知识吸收阶段,大多数应用也以模仿为主。据 IBM 设想,我国区块链发展呈现以下路线:2015 年,我国步入区块链技术探索阶段,区块链逐渐被多数人认知和熟悉;2016—2017 年,处于早期采纳阶段,创业公司开始增加,风投涌入,业界联盟

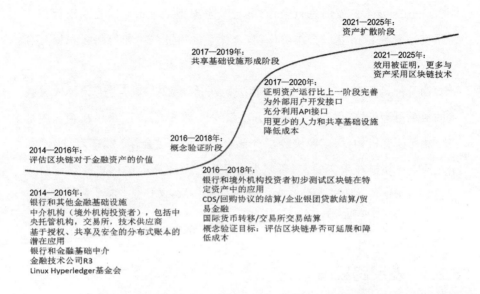

图 5 - 6　金融中介机构应用区块链技术提高效用路线图

兴起;2018—2024 年,区块链进入成长期,相关业务模式逐渐成形,服务提供商不断衍生,区块链市场价值凸显;2025 年之后,区块链技术在我国成为主流。不过,设想总归还是设想,能否实现甚至加快进程还需要企业、市场与政府的共同努力,通过搭建和共享区块链基础设施,让更多的应用可以低成本落地,从而构建以区块链技术为核心的生态体系。模仿没有出路,照搬没有出路,我国区块链创业机构和业界联盟还需要大胆创新,结合我国国情和特色,探索出符合我国实际情况的区块链应用。

5.2.3　颠覆性的技术

纵观人类发展史,每一次技术的进步都极大地推动了社会的发展,提升了居民福祉。20 世纪 70 年代,大型计算机出现,人类的很多复杂计算开始被机器所代替;20 世纪 80 年代,个人电脑问世,人们开始借助电脑查阅资料,编写文档;20 世纪 90 年代互联网兴起,人们通过即时通信、邮件实现更

为便捷的交流,很多业务开始通过网络即可办理;21 世纪第一个十年,智能
手机和移动互联网的快速发展,让人们实现随时随地的无障碍沟通,让世界
更加没有边际;而 2010 年之后,刚刚起步的区块链又意味着什么呢? 或许这
又是计算史上具有颠覆性的一项技术,将再一次对人们的生活产生深远的
影响。图 5-7 所示为五次计算范式的颠覆性创新。

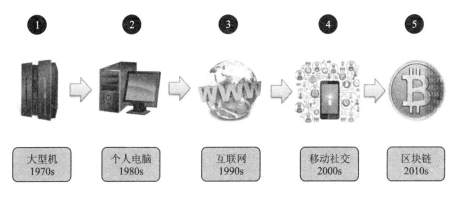

图 5-7　五次计算范式的颠覆性创新

　　麦肯锡大胆预测,区块链是继蒸汽机、电力、信息与互联网技术之后,目
前最有潜力触发第四次颠覆式技术革命浪潮的核心技术。蒸汽机释放了人
们的生产力,电力解决了人们最基本的生活需求,信息技术和互联网彻底改
变了传统产业(如音乐和出版业)的商业模式,区块链技术将有可能实现去
中心化的数字资产安全转移,给世界带来更多的可能性,意义深远。

　　首先,区块链让年轻人有更多的机会。一方面,区块链本身或许可以掀
起第四次工业革命,目前已吸引数以万计的创业者投身其中,即便以概率计
算,也将缔造出若干新技术下的世界级企业,如同互联网创业潮下涌现出的
阿里巴巴、腾讯等公司一样。另一方面,也是更为重要的,区块链让交易更
为透明,让信息更为公开,给予更多普通人获取同等机会和同等信息的权
利。当前,传统的中心化机构占据着大部分社会资源,他们是市场信息的搜
集者和垄断者,甚至以此牟利。区块链将让这一切成为过去,未来将是一个
信息共享的时代,每一个穷人、每一个年轻人、每一个老年人都有获得同等

信息的机会。对于年轻人来说，区块链开辟的是一片当前根本无法想象的新天地。

其次，区块链让个体的能力和作用充分凸显。区块链本质的核心之一是信息公开、全民记账，通过共识机制充分发挥个体的力量，打破中心化的传统社会形态。在区块链架构下，个体的力量愈发重要，中心化的机构日趋边缘化，不再存在中心化的团体或某一些人可以对其他人施加约束和限制，社会将是一个更加自由的社会。因此，即便区块链最后未能得到实际应用，但其背后所传达的思想，仍然值得我们借鉴和思考。

最后，区块链重塑人们对于信任的理解，让世界更加美好。当前，科技在使得居民生活水平和幸福指数显著提高的同时，也衍生出很多阻碍社会发展和进步的问题，如贪污腐败、网络欺诈、P2P跑路、信息泄露、假冒伪劣产品等，以上每一个问题都会影响到居民福祉，甚至有很多人深受其害，如信息泄露、网络欺诈等。通过区块链，以上问题将迎刃而解。人们把信息发布、储存到区块链上，让资金流向、交易真假等由全民来验证，一经验证，交易信息将无法被篡改，且信息完全公开，真相也无法被掩盖。如此，整个社会将更加透明、更加公平。

区块链，作为一项划时代的技术，将从根本上影响经济运行方式和管理制度。区块链的未来发展，值得期待。

参考文献

［1］梅兰妮·斯万. 区块链：新经济蓝图及导读［M］. 韩峰，等译. 北京：新星出版社，2015.

［2］Gustav-Simonsson. RLPx Node Discovery Protocol［EB/OL］.［2015-10-27］. https：//github. com/ethereum/go-ethereum/wiki/RLPx-NodeDiscovery-Protocol.

［3］Gav Wood. Ethereum Wire Protocol［EB/OL］.［2015-02-25］. https：//github.com/ethereum/wiki/wiki/Ethereum-Wire-Protocol.

［4］bobsummerwill. Test Networks［EB/OL］.［2016-02-10］. http：//www. ethdocs. org/en/latest/network/test-networks. html ♯ setting-up-a-local-private-testnet.

［5］tgerring. Connecting to the network［EB/OL］.［2016-05-15］. https：//github.com/ethereum/go-ethereum/wiki/Connecting-to-the-network.

［6］janx. ethereum-bootstrap［EB/OL］.［2016-02-17］. https：//github.com/janx/ethereum-bootstrap.

［7］bas-vk. JavaScript Console ［EB/OL］.［2016-06-23］. https：//github. com/ethereum/go-ethereum/wiki/JavaScript-Console.

［8］tgerring. Managing your accounts ［EB/OL］.［2015-05-27］. https：//github.com/ethereum/go-ethereum/wiki/Managing-your-accounts.

［9］zelig. Mining［EB/OL］.［2015-05-17］. https：//github. com/ethereum/go-ethereum/wiki/Mining.

［10］Florian Glatz. What are Smart Contracts? ［EB/OL］.［2014-12-11］. https：//medium.com/@heckerhut/whats-a-smart-contract-in-search-of-a-consensus-c268c830a8ad.

[11] Stefan Thomas，Evan Schwartz. Smart Oracles：A Simple，Powerful Approach to Smart Contracts[EB/OL].[2014-07-18]. https://github.com/codius/codius/wiki/Smart-Oracles:-A-Simple,-Powerful-Approach-to-Smart-Contracts#smart-contract.

[12] zelig. Web3 Base Layer Services[EB/OL].[2016-03-18]. http://ethdocs.org/en/latest/contracts-and-transactions/web3-base-layer-services.html.

[13] 保监会.保监会有关部门负责人就网络互助平台有关问题答记者问[EB/OL].[2016-11-03]. http://www.circ.gov.cn/web/site0/tab5168/info4048925.htm.

[14] 缴文超,陈雯. 行存当代的原始互助[EB/OL]. [2015-09-09].http://insurance.hexun.com/2015-09-09/178957607.html.

[15] 李敏.相互保险组织的治理介绍[EB/OL].[2016-07-06]. http://www.weiyangx.com/190855.html.

[16] 朱俊生.对创新农业保险经营模式的建议[EB/OL].[2017-04-10]. http://www.drc.gov.cn/xsyzcfx/20170410/4-459-2893100.htm.

[17] 中信证券研究部. 区块链:星星之火,可以燎原[EB/OL].[2016-01-11]. http://www.8btc.com/blockchain-revolution.

[18] 何广锋.区块链渐行渐近[J]. 中国外汇,2016(23):50-52.

[19] 何广锋,黄未晞. 区块链技术本质以及对金融业的影响[J].清华金融评论,2016(4)：102-106.

[20] 36氪研究院.从一到N,掘金区块——区块链行业研究报告[R/OL]. [2016-06-16]. http://36kr.com/p/5048221.html.

[21] 麦肯锡. 区块链——银行业游戏规则的颠覆者[R/OL]. [2016-05-27]. http://8btc.com/doc-view-613.html.

[22] 申万证券. 区块链和数字货币系列报告之二:区块链,技术颠覆式创新[R/OL]. [2016-05-03]. http://finance.qq.com/a/20160503/038000.htm.